GLAUBENSSPUREN
Jüdische, muslimische und christliche Lebensrealitäten in Ostdeutschland

Gefördert durch:

 Die Beauftragte der Bundesregierung
für Migration, Flüchtlinge und Integration
Die Beauftragte der Bundesregierung für Antirassismus

Denkfabrik Schalom Aleikum Buchreihe
Band II

Ein Projekt des:

ZENTRALRAT DER JUDEN
IN DEUTSCHLAND

Impressum

Die Deutsche Nationalbibliothek verzeichnet diese Publikation in der Deutschen Nationalbibliografie; detaillierte Daten sind im Internet über https://portal.dnb.de/ abrufbar.

Zentralrat der Juden in Deutschland K.d.ö.R. (Hrsg.)
Geschäftsführer des Zentralrats der Juden: RA Daniel Botmann
Leiter der „Denkfabrik Schalom Aleikum": Dr. Dmitrij Belkin
Wissenschaftliche Gesamtkonzeption und Durchführung:
Collin Feuerstein, Magdalena Herzog
Redaktion: Lorenz Hegeler, Sophie Scheffe
Diagramme: Collin Feuerstein
Grafisches Konzept und Gestaltung: Gudrun Hommers
Druck: Westermann Druck Zwickau

Hentrich & Hentrich Verlag Berlin Leipzig
Inh. Dr. Nora Pester
Jahnallee 61, 04177 Leipzig
info@hentrichhentrich.de
http://www.hentrichhentrich.de

1. Auflage 2023
Alle Rechte vorbehalten
Printed in Germany
ISBN 978-3-95565-632-4

GLAUBENS-SPUREN

Jüdische, muslimische und christliche Lebensrealitäten in Ostdeutschland

ZENTRALRAT DER JUDEN
IN DEUTSCHLAND

DENKFABRIK
SCHALOM ALEIKUM

HENTRICH
&HENTRICH

Inhaltsverzeichnis

Grußwort Reem Alabali-Radovan

Foto: Integrationsbeauftragte / Krautz

Liebe Leser*innen,

Schalom Aleikum – das ist Pionierarbeit vom Zentralrat der Juden in Deutschland, von ihrem Beginn in 2019 an gefördert durch mein Amt. Es ist von unschätzbarer Bedeutung, dass hier Jüd*innen, Muslim*innen und Christ*innen außerhalb ihrer Religionsgemeinschaften zusammenkommen, sich austauschen, mehr Verständigung miteinander und Verständnis füreinander schaffen. Das war nie so wichtig wie heute. Denn in bewegten Zeiten, in denen Populismus und Hass auf dem Vormarsch sind, in denen der Terror der Hamas gegen Israel auch das Miteinander der Menschen in Deutschland erschüttert, sind etablierte Dialoge und starke Allianzen über Religionsgrenzen hinweg ein wichtiges Fundament – gegen Menschenfeindlichkeit, Antisemitismus und Muslimfeindlichkeit; für ein friedliches Zusammenleben mit Respekt, Anstand und gleichen Chancen in unserer vielfältigen Gesellschaft.

Dafür setzt die „Denkfabrik Schalom Aleikum" wertvolle Impulse, indem sie ein professionelles Netzwerk für den jüdisch-muslimisch-christlichen Dialog auf- und ausbaut. Dabei stehen auch die Lebensrealitäten junger Menschen in Ostdeutschland im Fokus. Von Greifswald bis Görlitz müssen junge Menschen gleichberechtigt ihren Weg gehen und selbstverständlich ihren Glauben leben können. Das kann im mehrheitlich konfessionslosen Ostdeutschland besonders herausfordernd sein. Als Schwerinerin mit chaldäisch-katholischen Familienwurzeln begrüße ich diesen besonderen Blick der Denkfabrik und wünsche größtmögliche Reichweite und viel Erfolg.

Ich danke dem Zentralrat der Juden in Deutschland und dem gesamten Team der Denkfabrik für das herausragende Engagement für eine offene, vielfältige und tolerante Gesellschaft in unserem Land. Davon brauchen wir mehr – jetzt und in Zukunft! Dafür werde ich mich weiterhin einsetzen. Allen Leser*innen wünsche ich inspirierende Lektüre!

Ihre Reem Alabali-Radovan
Staatsministerin beim Bundeskanzler
Beauftragte der Bundesregierung für Migration,
Flüchtlinge und Integration
Beauftragte der Bundesregierung für Antirassismus

Grußwort Dr. Josef Schuster

Liebe Leserinnen,
liebe Leser,

Juden, Muslime und Christen eint vieles, dennoch sind es häufig Gegensätze und Vorurteile, die im Licht der medialen Aufmerksamkeit stehen. Umso wichtiger ist der Austausch zwischen und mit ihnen, die Berücksichtigung ihrer Herausforderungen, Fragen und Lösungsansätze im direkten Gespräch.

Die „Denkfabrik Schalom Aleikum" begleitet und fördert diesen interreligiösen Trialog, indem sie die gesellschaftlichen Realitäten von Menschen oder Gruppen, die selten gehört werden, analysierend beschreibt. Das bezieht sich nicht zuletzt auf Ostdeutschland, Gebiete unseres Landes, die bis heute amtlich etwas distanziert als „neue Bundesländer" bezeichnet werden.

Die Denkfabrik stellt uns in diesem Buch Realitäten vor, denen oft unzureichende Beachtung geschenkt wird, untersucht sie, um ihrer Relevanz, die auf gesellschaftlicher und politischer Ebene fortbesteht, gerecht zu werden.

Für Jüdinnen und Juden sowie für Musliminnen und Muslime in Deutschland haben Einschnitte wie der gezielte antisemitische

Anschlag in Halle oder die schreckliche Mordserie des NSU sowie die Vielzahl von Angriffen auf Moscheen oder Synagogen einen maßgeblichen Einfluss auf alltägliche Lebensrealitäten. Seit den brutalen Terrorangriffen der Hamas gegen Israel vom 7. Oktober 2023 ist die Gefährdung für jüdische Einrichtungen und Jüdinnen und Juden auch hier in Deutschland dramatisch angestiegen. Die Vernichtungsideologie der Hamas gegen alles Jüdische wirkt auch in Deutschland. Auf propalästinensischen Demos wurden die Ermordung und Verschleppung von Israelis gefeiert. Weltweit wurde am „Tag des Zorns" zu Gewalt gegenüber Juden aufgerufen. Und auch in Deutschland gab es Hörige, die diesem Aufruf folgten. Auf Worte folgten Taten.

Diesen Taten wohnen antidemokratische, religionsfeindliche und antiliberale Gesinnungen inne. Die Zunahme dieser Entwicklung wurde zwar durch gesellschaftliche Reaktionen auf die Fluchtbewegungen aus muslimischen Ländern ab 2015 erkennbar verstärkt, wie beispielsweise die Gründung der rassistischen und islamfeindlichen Pegida mit ihren Ablegern zeigt. Zugleich instrumentalisieren rechtsextremistische Parteien wie die AfD den Terror gegen Juden für ihre Anti-Asyl-Politik. Wir haben alle eine Verantwortung dafür, dass unschuldige tragische Opfer nicht für widerwärtige Terrorpropaganda auf der einen und rechtsextremistischen politischen Machtkampf auf der anderen Seite instrumentalisiert werden.

Doch kann all dies die zunehmende Radikalisierung bis in die Mitte unserer Gesellschaft ausschöpfend erklären? Eine Normalisierung von Hass und ein antidemokratisches Klima sind bereits seit den gesellschaftlichen Umbrüchen nach der Wiedervereinigung erkennbar, die insbesondere Ostdeutschland vor eine Vielzahl an Herausforderungen stellte und stellt. Sie gelangen vermehrt in das politische und gesellschaftliche Interesse und lenken dabei von positiven ostdeutschen Wirklichkeiten und Entwicklungen, wie zivilgesellschaftlichem Engagement und einem gesellschaftlichen Zusammenhalt, ab. Diese Prozesse werden im vorliegenden Buch differenziert bearbeitet, ohne dass es eindimensional wird. An ebenjener Stelle knüpft unsere „Denkfabrik Schalom Aleikum" an den Themenschwerpunkt des letzten Jahres an: die Erweiterung um die christliche Perspektive.

In ihrer zweiten Buchpublikation agiert die „Denkfabrik Schalom Aleikum" nun erstmalig trialogisch und wertet besonders und exklusiv Aussagen von jungen religiösen Mitgliedern des Judentums, Islams und Christentums aus Ostdeutschland aus. Erneut widmet sie sich einem aktuellen Thema, das für unsere Gesellschaft nicht nur relevant ist, sondern auch signifikant auf ihre Zukunft und das soziale Miteinander einwirken wird – ganz im Sinne einer „Denkfabrik".

Die „Denkfabrik Schalom Aleikum" legt Erfahrungen von religiös Praktizierenden der sogenannten Nach-Wende-Generationen und ihr Erleben von Verbundenheit, Gemeinwohlorientierung und sozialen Beziehungen in Ostdeutschland vor. Dies tut sie in einer Gegend, in der Konfessionszugehörigkeit und Religiosität historisch und kulturell wenig verankert sind. Das soziale Miteinander fand andere Wege, die zunehmend verblassen. Angesichts der großen gesellschaftlichen Herausforderungen gerade im Osten offenbart diese Situation auch eine gewisse Tragik. Im Anschluss an die deutsche Wiedervereinigung, die eine von der antireligiösen Politik der SED geprägte DDR mit einem Staat, in dem 1990 beinahe 85 % der Bevölkerung einer Konfession zugehörten, zusammenführte, waren unterschiedliche Ausgangslagen für Religion in den neuen und alten Bundesländern gegeben. Hier eröffnet sich die Möglichkeit, soziostrukturelle Bedingungen, die Gefahren antidemokratischer Strukturen und die Chancen interreligiöser Zusammenarbeit ins Auge zu fassen. Das alles ist besonders mit Blick auf das Wahljahr 2024 relevant, in dem in drei der ostdeutschen Bundesländer Landtagswahlen stattfinden werden.

Die „Denkfabrik Schalom Aleikum" nimmt im zweiten Jahr ihres Bestehens eine Analyse vor, in deren Zentrum die Aussagen von Akteurinnen und Akteuren, Privatpersonen sowie Wissenschaftlerinnen und Wissenschaftlern stehen, die dank ihrer einschlägigen Erlebnisse und Expertisen zu dem Verständnis eines Themas von derartiger Tragweite und Komplexität beitragen können.

Ich freue mich daher, dass die „Denkfabrik Schalom Aleikum" mit dem vorliegenden Buch ihre wissenschaftlichen Ergebnisse einem breiteren interessierten Publikum zugänglich macht. Es sind wertvolle Befunde eines bislang kaum erforschten Schwerpunkts, die es vermögen, den gesellschaftlichen Horizont zu erweitern und die Menschen im Osten unseres Landes sowie die gesamtdeutsche Gesellschaft zu bestärken.

Der Staatsministerin (beim Bundeskanzler) Frau Reem Alabali-Radovan, der Beauftragten der Bundesregierung für Migration, Flüchtlinge und Integration sowie der Beauftragten der Bundesregierung für Antirassismus, danke ich herzlich für die weiterhin fördernde Unterstützung der „Denkfabrik Schalom Aleikum".

Dr. Josef Schuster
Präsident des Zentralrats der Juden in Deutschland

Glaubensspuren in Ostdeutschland

Expertisen und Vertrauen. „Denkfabrik Schalom Aleikum" in Krisenzeiten

RA Daniel Botmann
Geschäftsführer
Zentralrat der Juden

Dr. Dmitrij Belkin
Leiter
„Denkfabrik Schalom Aleikum"

Die Veranstaltung der „Denkfabrik Schalom Aleikum" in Erfurt am 11. Oktober 2023 bleibt uns in Erinnerung. Aus der geplanten Gesprächsrunde über jüdische, muslimische und christliche Perspektiven und Ansichten in einem politisch wackeligen ostdeutschen Bundesland und seiner Hauptstadt wurde ein Gespräch über Perspektiven und Grenzen eines Dialogs nach dem Terror der Hamas in Israel, der in Deutschland stark resoniert. Das zeigt sich, um nur ein Ereignis zu nennen, am Brandanschlag auf die Synagoge in der Berliner Brunnenstraße in den Morgenstunden des 18. Oktobers 2023.

Der Veranstaltung ging eine Kundgebung in der Altstadt von Erfurt voraus – es ging um Israelsolidarität nach den gravierenden antisemitischen Terroranschlägen vom 7. Oktober 2023 im Süden Israels. Viele Gäste der stillen und würdevollen Kundgebung kamen nachher zu uns, um über den Dia- und Trialog in Thüringen zu diskutieren.

Die Frage, die im Veranstaltungsrahmen stand und die wir seitdem in diversesten politisch-medialen Kontexten nonstop gestellt bekommen, lautet: Hat der jüdisch-muslimische Dialog in Deutschland angesichts der hiesigen Resonanz auf den mörderischen islamistischen Antisemitismus der Hamas überhaupt noch eine Chance?

Wir können diese keineswegs triviale Frage nicht schlicht feierlich bejahen und zur Tagesordnung übergehen. Wir wollen diese Frage auch nicht eindeutig verneinen und die Türen des Gesprächs unwiderruflich schließen.

Die „Denkfabrik Schalom Aleikum" ist ein Ort der wissenschaftlichen und gesellschaftlichen Innovation. Die Realität hinter einem solchen Anspruch will vor allem eines: Sie will wissenschaftlich und gesellschaftlich fundiert sein. Wir benötigen durchdachte, verifizierbare Aussagen hinter einem relevanten Thema. Wenn es brennt, wie zurzeit, schauen wir gemeinsam, wie und ob der Diskurs weitergehen kann.

Die 2024 anstehenden Landtagswahlen in Thüringen, Sachsen und Brandenburg und die für die dortigen demokratischen Kräfte momentan bitteren Prognosen machen den Diskurs über die ostdeutschen Bundesländer unseres Landes zu einem zentralen gesellschaftlichen Thema in der Bundesrepublik Deutschland.

Rund um dieses Thema gibt es aktuell viel rhetorisch-publizistischen Lärm. Das Feuilleton ist voll davon. Eine Liste der Publikationen und darin enthaltenen Äußerungen über das Phänomen Ostdeutschland wäre lang und würde aus nicht vielen positiv konnotierten Aussagen bestehen.

Mit dem Buchthema „Glaubensspuren. Jüdische, muslimische und christliche Lebensrealitäten in Ostdeutschland" zeigen wir Großes durch das Kleine. Wir analysieren die Generation, die nach der Wiedervereinigung geboren ist, und ihre religionsgesellschaftlichen Ansichten in einer angeblich areligiösen Region Deutschlands. Die Frage lautet nicht: „Was glauben Juden, Muslime und Christen in Ostdeutschland?", sondern vielmehr: „Wie füllen sie ihre Region, wie lesen sie die dortige Gesellschaft?" und: „Wie leben sie in Ostdeutschland als junge Muslime, Christen und Juden?"

Der interreligiöse bzw. interkulturelle Trialog ist für uns kein rein theologisches, sondern ein gesellschaftlich öffnendes Thema.

Was kann ein jüdischer Interessenverband zu einem gesamtgesellschaftlichen Thema von einer solchen Diversität und Komplexität beitragen? Die Antwort ist einfach und zugleich kompliziert. Sie ist einfach, weil wir uns als politischer Verband und die jüdische Interessenvertretung in Deutschland selbstverständlich unserer gesamtgesellschaftlichen Verantwortung jenseits der „rein jüdischen" Themenbereiche bewusst sind. Sie ist kompliziert, weil die Frage das „Wie", die Vorgehensweise und die Ziele, inkludiert. Wir wollen als Zentralrat der Juden einen Raum, einen gesellschaftlichen, politischen und intellektuellen Space, eine funktionierende vertrauensvolle Plattform von wissenschaftlichem und kommunikativem Niveau anbieten.

Unter dem Dach der Denkfabrik begeben sich Vertreterinnen und Vertreter der drei großen Religionen mit uns in einen Austausch über soziales Miteinander und religiöse Identitäten, sodass uns nicht nur ein Vergleich zwischen den Religionen, sondern eine insgesamt reichhaltige und umfangreiche Übersicht über die (ostdeutsche) Gesellschaft gewährt ist.

Selbstkritisch können wir sagen, dass der Fokus unserer Institution auf Ostdeutschland nach der Wiedervereinigung bisher nicht immer von einer ausschlaggebenden Bedeutung war. Die Gründe hierfür sind vielfältig, ihre Auflistung würde den Rahmen einer solchen Einleitung sprengen. Hier genügt die Feststellung eines Verbesserungsbedarfs.

Umso wichtiger und erfreulicher ist es, dass die Denkfabrik im Zentralrat mit diesem Buch eine Pionierarbeit im Osten der Republik leistet.

Mit dem Thema „Glaubensspuren in Ostdeutschland" knüpfen wir also auch in diesem Buch an aktuelle Entwicklungen und Geschehnisse an, indem wir jüdischen, muslimischen und christlichen Lebensrealitäten in Ostdeutschland intellektuell, wissenschaftlich und politisch begegnen und sie analysieren.

Spuren verschwinden nicht, sie erzählen uns etwas und müssen interpretiert werden. Spuren – auch Glaubensspuren – kann man folgen. Sie müssen auch nicht marginal sein – wobei sie durchaus nicht überdimensioniert groß sein müssen: Wir sind uns darüber im Klaren, dass die Religionen im Osten unseres Landes und inzwischen in Deutschland insgesamt nicht weiterwachsen, auch nicht florieren.

In Ostdeutschland sind religiöse Gemeinden in der Regel jung, viele ihrer Mitglieder erblickten nach der Wiedervereinigung das Licht der Welt oder erreichten Ostdeutschland im Zuge von Flucht und Migration. Ihre Strukturen sind neu, vor allem Moscheen und muslimische Gemeindezentren sind eine Seltenheit.

Inmitten einer Region, in der eine Kultur der bewussten und nicht selten politisch betonten Konfessionslosigkeit vorherrscht und eine zureichende religiöse Infrastruktur fehlt, kommt interreligiöser Austausch zu kurz. Das tut im Übrigen auch gesellschaftlicher Austausch – und das in einer Krisenzeit, die nach einem gesellschaftlichen Dialog schreit. Verstärkt wird dies unter anderem durch ein Defizit an nichtchristlichem Religionsunterricht an öffentlichen Schulen. Seit einigen Jahren wird jüdischer Religionsunterricht in Sachsen und Thüringen als ordentliches Fach in allen Jahrgangsstufen und in Sachsen-Anhalt in Grundschulen gelehrt. Trotz eines im Vergleich zu Jüdinnen und Juden quantitativ erheblich höheren Anteils von Musliminnen und Muslimen in der ostdeutschen Bevölkerung bietet zum jetzigen Zeitpunkt keines der neuen Bundesländer islamischen Religionsunterricht in seinen öffentlichen Schulen an.

Die deutsche Wiedervereinigung und ihre Auswirkungen, vornehmlich die ihr folgenden innerdeutschen Entwicklungen, der Pfad zur Anpassung und die bestehenden Unterschiede zwischen Ost und West, sind seit 1989 wiederkehrende Themen des gesellschaftlichen und politischen Interesses. Aus ihnen leitet sich der beschwerliche und auf weiten Strecken ungewisse Weg einer für Deutschland bedeutenden Region ab, dessen Ende noch nicht erreicht ist.

Im öffentlichen Diskurs um Ostdeutschland wird meist die wachsende Popularität der rechten Parteienlandschaft betont. Spätestens seit dem 5. Juni 2023 und der Wahl eines Landrats mit rechtspopulistischer Parteizugehörigkeit richten Politik und Gesellschaft ein besonderes Augenmerk auf die politische Entwicklung in Ostdeutschland und blicken besorgt auf die drei dort anstehenden Landtagswahlen im Jahr 2024. Die deutlich spürbare Präsenz antidemokratischer bis rechtsextremer Positionen hat auch zur Folge, dass Freiheiten unabhängig von Religion und Herkunft, wie die Artikel 1 und 4 des Grundgesetzes sie garantieren, nicht jederzeit perspektivisch gewährleistet sind.

Sorgen in Hinblick auf die politische Zukunft Ostdeutschlands sind gewiss berechtigt – trotzdem drängt eine derart eindimensionale Wahrnehmung der Region zahlreiche weitere Aspekte der ostdeutschen Gesellschaft teilweise vollständig in den Hintergrund. Der Großteil der Zivilgesellschaft, der sich für einen gesellschaftlichen Zusammenhalt stark macht, hat häufig das Nachsehen, agiert er doch außerhalb des Scheinwerferlichts. Ebenjene Lebensrealitäten sind es, welche wir mit unserem Buch aufzeigen und unterstreichen wollen. Dabei analysieren wir, wie insbesondere junge Erwachsene ihren Bezug zur eigenen Religion und Herkunft in Ostdeutschland verstehen und wie sich das religiöse Leben in einem säkular geprägten Staat gestalten kann.

Dazu versammeln wir ein weites Spektrum an Perspektiven. Aufmerksame Leserinnen und Leser werden auf vielschichtige Nuancen stoßen, welche Erfahrungen, kommunikative und politische Herausforderungen, Chancen und Probleme von jüdischen, muslimischen und christlichen Akteurinnen und Akteuren, Wissenschaftlerinnen und Wissenschaftlern, Gemeinden und Gemeinschaften sowie Privatpersonen schildern. Sie regen dazu an, die Verbindung zwischen jungen Akteurinnen sowie Akteuren und Ostdeutschland thematisch aufzugreifen und werfen neue Fragen bezüglich ihrer Zukunft auf. Die gewonnenen Ansätze vermögen es, die gesellschaftspolitische Diskussion zu bereichern und zu ihrer Vervollständigung beizutragen.

Die Datenlage zur Religionszugehörigkeit und zu religiösen Lebensrealitäten in Ostdeutschland ist dünn. Für den vorliegenden Band haben wir deswegen eine Analyse auf Basis von selbstgeführten, exklusiven qualitativen Interviews mit Wissenschaftlerinnen und Wissenschaftlern sowie jüdischen, muslimischen und christlichen Gemeindemitgliedern durchgeführt. Wir bieten nicht das rohe Material an, vielmehr analysieren wir die Lage und zeigen auf, wie das Selbstverständnis, das soziale Miteinander, Gemeindestrukturen und Herausforderungen buchstäblich zu verstehen sind – wir arbeiten in diesem Band ohne Phrasen und stellen Aussagen in einen Kontext.

Wir bezweifeln es keine Minute, dass es sich auch hierbei um genuine Aufgaben des Zentralrats der Juden und seiner Denkfabrik handelt. Denn eine sachliche, unaufgeregte Erledigung dieser Aufgaben stärkt gesellschaftlichen Zusammenhalt und erklärt uns eine wichtige Region Deutschlands – eine solche fundierte Öffnung der Perspektive kann nur im Sinne einer Repräsentanz der jüdischen Community im Osten und Westen unseres Landes sein.

Allen Autorinnen und Autoren des Buches, dem wissenschaftlichen und redaktionellen Team der „Denkfabrik Schalom Aleikum" sowie dem Verlag Hentrich & Hentrich, die nicht müde werden, uns auf immer wieder spannenden und gesellschaftlich relevanten Reisen zu begleiten, danken wir an dieser Stelle.

Die Konstanz solcher wissenschaftlich-gesellschaftlichen Produktionen der Denkfabrik im Zentralrat wollen wir unbedingt beibehalten – unserer unruhigen Zeit tun sie, so unsere Überzeugung, gut.

Wir wünschen eine anregende Lektüre und freuen uns auf Ihr anschließendes Feedback – in einer politischen und gesellschaftlichen Krisenzeit, die wir gemeinsam verstehen sollten und hoffentlich auch meistern werden.

Jüdische, muslimische und christliche Glaubensspuren in Ostdeutschland

Eine Einführung in ein selten betrachtetes Feld

Magdalena Herzog

Die „Denkfabrik Schalom Aleikum" schaut in diesem Buch auf der Suche nach Glaubensspuren durch ein selten geöffnetes Fenster: jüdische, muslimische und christliche Lebensrealitäten in Ost-deutschland. Wie spielt sich religiös-gesellschaftliches Leben ab in einer Region Deutschlands, in der die meisten Menschen keiner Konfession angehören und die Geschichte vieler religiöser Ge-meinden zweifach unterbrochen wurde – durch die Schoa und die DDR? Jüdinnen, Christen und Muslime Ostdeutschlands haben oft eine andere Geschichte und auch eine andere Gegenwart als die-jenigen in der restlichen Bundesrepublik. Das markiert zahlreiche Herausforderungen für die ostdeutsche Gesellschaft, die zeitgleich als positive Möglichkeiten der Veränderung zu sehen sind. Was be-deuten multiple Zugehörigkeiten – in religiöser und ethnischer

Hinsicht – insbesondere für junge Erwachsene in einem Umfeld, das aktuell auch von antidemokratischen Aktivitäten geprägt ist? Die Autorinnen und Autoren bündeln diese Aspekte zu einer Frage des sozialen Miteinanders und des gesellschaftlichen Zusammenhalts und entwickeln damit eine selten ausgeführte Perspektive. Gesellschaftlicher Zusammenhalt meint jedoch keinen Zustand, sondern vielmehr einen „stetig politisch-sozialen Prozess" (Brand, Follmer, Unzicker 2020: 16 f.). Ostdeutschland verstehen wir als die Region des Gebiets der ehemaligen DDR; wir setzen den Fokus auf die Flächenländer und lassen das frühere Ostberlin als Teil des heutigen Stadtstaats Berlin außen vor.

Jüdinnen und Juden, Muslime und Musliminnen, Christinnen und Christen wurden im öffentlichen Leben der vergangenen Jahre selten zusammen benannt – zu groß sind oder scheinen die Unterschiede ihrer Lebensrealitäten. Häufig sind Jüdinnen, Juden, Musliminnen und Muslime von Antisemitismus bzw. antimuslimischem Rassismus betroffen, während viele der Christinnen und Christen zur Mehrheitsgesellschaft gehören. Sie können ihren Glauben und ihre Identität weitestgehend unbehelligt leben, sich unbehelligt dafür oder dagegen entscheiden. Sie finden vergleichsweise etablierte Strukturen der großen Kirchen vor und können sich ohne Weiteres kritisch mit ihnen auseinandersetzen. Und das, obwohl diese Strukturen im Abbau begriffen sind. Dass sich das Feld auch für Christinnen und Christen komplexer auffächert, ist einer der Aspekte, die wir in diesem Buch zeigen werden, denn es wird auch um zwei der orientalisch-christlichen Gemeinschaften gehen, namentlich um die Armenisch-Apostolische Kirche und am Rande um die Syrisch-Orthodoxe Kirche von Antiochien. Mit einem verstärkten Blick auf junge Erwachsene zwischen 18 und 27 Jahren, also die nach der Wende Geborenen, schauen wir darauf, wie eine Generation, die die DDR nicht erlebt oder keine familiären Bezüge zu ihr hat, die ostdeutsche Gesellschaft wahrnimmt, die doch krisenhaft anders geprägt ist als die westdeutsche Gesellschaft. Krisenhaft geprägt ist die ostdeutsche Gesellschaft hinsichtlich des politischen Systemwechsels 1990 und der daraus resultierenden Verschiebungen und sozialen Verwerfungen. Entscheidend für unsere Fragestellung des sozialen Miteinanders in Ostdeutschland ist die gegenüber Westdeutschland fundamental andere, defizitäre Ausgangslage für religiöse Gemeinschaften, die bis heute ihre Wirkung zeigt. Wir wollen daher erfahren, wie junge Erwachsene die unterschiedlichen Aspekte ihrer Identität changieren und wie sich ihr Selbstverständnis formt: wie sie Judentum praktizieren und Ostdeutschland erfahren; wie Musliminnen religiös und hochengagiert in der Integrationsarbeit, jedoch an keine Gemeinde gebunden sind, weil die Angebote keine Passung aufweisen; wie junge Erwachsene christlich-evangelisch gläubig sind, geprägt von der Ausgrenzungserfahrung der Eltern als Christen in der DDR, und doch mit der etablierten Kirche kaum noch etwas anfangen können und nach neuen Formen gelebten Christentums suchen; und wie es um armenische und syrisch-orthodoxe junge Christinnen und Christen in Ostdeutschland steht. Wir fragen nach den Spuren des Glaubens – so der Titel des Buches –, denn nur wenige Personen sind streng religiös oder gänzlich säkular, oft nehmen sie ein Platz im Dazwischen ein und verändern diesen im Laufe ihres Lebens. Es geht um eine Bezüglichkeit zu Religion und Religiosität, die mal mehr, mal weniger über Praktiken im Kontext einer Gemeinde gelebt wird. Und diese Bezüglichkeit zur Religion ist insbesondere im jüdischen Kontext an eine Identität gebunden, an eine familiäre und historische Tradition. Das Jüdisch-Sein, es steht gewissermaßen nicht zur Auswahl. Eine Rolle spielt dabei auch, dass die Reaktion der sozialen Umwelt auf Jüdinnen, Juden, Musliminnen und Muslime deutlich anders ist als bei evangelischen und katholischen Christinnen und Christen. Dies wirkt sich auch auf das Selbstverständnis sowie auf den Bezug zur eigenen Community aus.

Die religiösen Haltungen, so viel lässt sich sagen, sind eng an die vor Ort gegebene Gelegenheitsstruktur gebunden. Sie stehen ebenso in enger Verbindung mit der jeweiligen Community und wie sich die Personen darin eingebunden fühlen. Religion hat also einen ganz klaren lebensweltlichen Bezug. Wie dieser Bezug eingebettet ist in einen ostdeutschen Kontext, steht in unseren Betrachtungen im Vordergrund.

Kultur der Konfessionslosigkeit und die Präsenz von Antisemitismus und Rassismus

Nach religiösen Gemeinden und Communities wird Ostdeutschland in der öffentlichen Debatte gegenwärtig selten befragt.[1] Wir erkunden die vorhandenen Strukturen für die religiöse Praxis – diese dünne Gelegenheitsstruktur –, zeigen die Herausforderungen und Leerstellen auf, sowie die Möglichkeiten, die sich aus Leerstellen ergeben können – für die Communities und damit für die Region insgesamt. Denn ein gemeinsam getragener Aspekt ist das Verhältnis zu einem Umfeld, das mehrheitlich, zu 68,3 %, konfessionslos ist (vgl. bpb 2020).[2] 24,6 % bezeichnen sich als Christin oder Christ und gehören entweder der evangelischen oder römisch-katholischen Kirche, einer orthodoxen Gemeinde oder anderen christlichen Religionen an. In Westdeutschland liegt der Anteil der Menschen ohne Konfession bei 16,6 %. Der Anteil derjenigen, die sich in Westdeutschland als Christinnen oder Christen verstehen, liegt bei 74% (vgl. bpb 2020). Was bedeutet es also, gläubig zu sein in einem Umfeld, das weitestgehend konfessionslos, betont areligiös ist und in der jüngsten Vergangenheit durch eine Periode antireligiöser Politik (vgl. Großbölting 2022) geprägt wurde? Gert Pickel bezeichnet diese Verhältnisse als „Kultur der Konfessionslosigkeit" (Pickel 2020). Vor allem die jüdischen und muslimischen Gemeinden und Communities sowie die Gemeinde der armenischen Christinnen und Christen sind erst nach 1989 gewachsen bzw. überhaupt erst aufgebaut worden. Doch dazu genauer später. Wichtig ist jedoch der Umstand, dass es sich bei der armenischen und syrisch-

---

1 Bemerkenswert selten sind vor allem Fragestellungen, in denen alle religiösen Communities angesprochen werden. Erwähnenswerte Beispiele sind zwei Dokumentationen des MDR, „Christentum, Judentum, Islam: Warum haben es Religionen im Osten so schwer?" (MDR 2022) sowie eine mehrteilige Dokumentation „Wir sind hier – Muslime in Ostdeutschland" (MDR 2023), die das Thema Religion positiv ansprechen bzw. Muslime auf ihr Leben hin und nicht im Kontext von Extremismus befragen.

2 Bedeutend an diesen Zahlen ist, dass es sich bei den Menschen ohne Konfession in Ostdeutschland um Personen handelt, die von Geburt an ohne Konfession sind, und die Zahl nicht allein durch hohe Kirchenaustrittszahlen zustande kommt (vgl. Pollack, Rosta 2022: 323).

orthodoxen Community um noch im Aufbau begriffene Strukturen handelt.

Alle hier aufgeführten Communities sind im Verhältnis zur Gesamtbevölkerung deutlich kleiner als diejenigen in Westdeutschland. Es leben also erheblich weniger Juden und Jüdinnen, Musliminnen und Muslime in Ostdeutschland als in Westdeutschland. Dies bedeutet auch, dass es sich in Ostdeutschland historisch bedingt um eine deutlich homogenere Gesellschaft handelt als in Westdeutschland.

Ein weiterer wesentlicher und zivilgesellschaftlich hoch relevanter Aspekt unserer Frage an die Communities ist die nach dem Umfeld in Ostdeutschland, das durch die teilweise starke Präsenz antidemokratischer und rechtsextremer Aktivitäten sowie Politikerinnen und Politiker mit rechtsradikaler und faschistischer Agenda geprägt ist. Insbesondere für die jüdische und muslimische Community ist das nicht allein prägend, sondern lebensbedrohlich. Christinnen und Christen, die der armenischen oder einer der orthodoxen Kirchen angehören, haben häufig, wie die meisten Juden und Musliminnen in der ostdeutschen Gesellschaft, Migrationserfahrung und werden mitunter fälschlicherweise für Muslime gehalten. In dieser rassistischen Wahrnehmung sind sie ebenfalls von antimuslimischem Rassismus betroffen.

Das Vertrauen in Mitmenschen und das soziale Miteinander insgesamt ist damit in Ostdeutschland stark beschädigt. Die Communities stehen unter erheblichem Druck. Das Grundgesetz Artikel 1, nämlich „Die Würde des Menschen ist unantastbar. Sie zu achten und zu schützen ist Verpflichtung aller staatlichen Gewalt", ist für viele Juden, Musliminnen und Christen der ostdeutschen Gesellschaft nicht erfüllt. Ebenso ist Artikel 4 des Grundgesetzes zur Religionsfreiheit nicht umgesetzt: „Die Freiheit des Glaubens, des Gewissens und die Freiheit des religiösen und weltanschaulichen Bekenntnisses sind unverletzlich. Die ungestörte Religionsausübung wird gewährleistet." Damit sind sogar zwei rechtlich geltende Grundsätze für Teile der Bevölkerung nicht erfüllt.

Die meisten aktiven Synagogen in Deutschland sind sicherheitstechnisch ausgestattet – in Leipzig beispielsweise erst als Reaktion auf den Anschlag auf die Hallenser Synagoge 2019. Verbale wie körperlichen Übergriffe auf Jüdinnen und Juden sind anhaltend präsent.

Auch auf Moscheen gibt es Übergriffe, obwohl in Ostdeutschland lediglich eine neu gebaute, jedoch noch nicht fertiggestellte repräsentative Moschee existiert. Insbesondere muslimische Frauen, die durch eine Kopfbedeckung erkennbar sind, müssen mit einem hohen Maß an aggressiven verbalen und physischen Reaktionen leben. Doch auch diese Erfahrungen sind Schwankungen unterworfen, gibt es doch mehr und weniger anstrengendere Zeiten. In keinem ostdeutschen Bundesland wird konfessioneller islamischer Religionsunterricht an Schulen angeboten.

Auch Christinnen und Christen ohne Migrationserfahrung, die der Mehrheitsbevölkerung angehören, treffen auf Ressentiments bezüglich ihrer Religion. Das kann als Nachwirkung der DDR betrachtet werden, in der eine antireligiöse Politik betrieben wurde, Kirchenmitglieder mit teils erheblichen Einschränkungen im beruflichen und privaten Leben rechnen mussten und eine säkulare Lebenseinstellung deutlich und bewusst bevorteilt wurde. So ist auffällig, dass Kirchenmitglieder gegenwärtig mitunter erstaunlich zurückhaltend und vorsichtig mit ihrer Zugehörigkeit und Gläubigkeit auftreten. Allerdings können Mitglieder der evangelischen und römisch-katholischen Kirche auf eine Gelegenheitsstruktur zurückgreifen, die im Vergleich mit anderen religiösen Communities reichhaltig ist. Diese bessere Gelegenheitsstruktur hat Auswirkung auf die mediale Präsenz und damit auch auf die gesellschaftliche Akzeptanz von Christinnen und Christen.

Bei Juden, Muslimen und mitunter orthodoxen und orientalischen Christen lässt sich von einer doppelten Fremdheit sprechen – fremd im Sinne der Migrationserfahrung und der Positionierung in einer weitestgehend homogenen Gesellschaft, in der die Differenzen zu einer Mehrheitsgesellschaft durch besagte Mehrheitsgesellschaft hervorgehoben werden. Eine weitere Fremdheit ergibt sich aus dem Religiös-Sein bzw. aus der Zugehörigkeit zu einer Religionsgemeinschaft in der areligiösen Umgebung.

Was Sie in diesem Buch erwartet

Wesentlich ist zugleich, den Blick auf Juden, Musliminnen und Christen nicht zu verengen, keine Reduzierung auf die Betroffenheit von Antisemitismus und Rassismus vorzunehmen, sie nicht allein deshalb als betrachtenswerte Gruppen einzuschätzen. Vielmehr geht es darum, die mitunter massive Erfahrung von gruppenbezogener Menschenfeindlichkeit zu integrieren in eine Gesamtschau auf die verschiedenen Lebensrealitäten. Dies beinhaltet, den Blick auf die religiöse Praxis der Menschen zu richten, auf ihre Beziehung zur religiösen Gemeinde und erweiterten Community, also Mitmenschen gleicher Religion oder Identität ohne Gemeinde- oder Vereinszugehörigkeit, auf ihr Changieren zwischen religiösem und säkularem Leben in einem areligiösen Umfeld zu schauen. Das bezieht ein intergenerationelles Verhältnis ein und beachtet, welchen Anforderungen die Gemeinden ausgesetzt sind, welche Ressourcen verfügbar sind und von welchen konkreten Belastungen sie bezüglich Antisemitismus und Rassismus betroffen sind. Soziologisch ausgedrückt knüpfen wir hier noch einmal an die Definition von gesellschaftlichem Zusammenhalt an. Kein Zustand wird damit beschrieben, sondern – wie erwähnt – ein „stetig politisch-sozialer Prozess" (Brand, Follmer, Unzicker 2020: 16), der aus einzelnen Komponenten besteht und für das Leben in einer Gemeinschaft und Gesellschaft zentral ist (vgl. Allmendinger 2015: 128). Wir haben uns in der wissenschaftlichen Arbeit auf die Aspekte der sozialen Beziehungen und der Verbundenheit fokussiert. Auf den hier relevanten Gegenstand bezogen bedeutet das, dass wir uns auf die Strukturen der Communities konzentrieren – und die darin eingebetteten Gemeinden – und auf die Frage, welche Zusammenhänge sich zur inneren Verbundenheit der einzelnen Personen ergeben.

Zusammengenommen mit den Aspekten ostdeutsch, muslimisch, jüdisch oder christlich ist dies in der Forschung wie auch in der gesellschaftlichen Debatte ein vereinzelt bzw. unsystematisch bearbeitetes Forschungsfeld.[3] Nur punktuell wurde dazu geforscht und so ist es auch die Aufgabe unserer Arbeit gewesen, Wissen nicht allein zusammenzutragen und zu kuratieren, sondern zu generieren, abzugleichen und auszuwerten. Mit 14 Personen aus der Wissenschaft und der zivilgesellschaftlichen Arbeit sowie Privatpersonen haben wir Experteninterviews bzw. leitfadengestützte Interviews geführt, um verschiedene Arten des Wissens und Perspektiven zu erhalten und diese zueinander ins Verhältnis zu setzen. Von unseren Gesprächspartnerinnen und -partnern sind namentlich zu nennen: Max Privorozki, Vorsitzender der Jüdischen Gemeinde zu Halle, Dr. Ruth Röcher, Vorsitzende der Jüdischen Gemeinde Chemnitz, die Wissenschaftlerinnen Dr. Melanie Eulitz, Dr. Anastassia Pletoukhina, Leonie Stenske, Prof. Dr. Meltem Kulaçatan sowie die Wissenschaftler Prof. Dr. Haçik Rafi Gazer, Prof. Dr. Johann Evangelist Hafner und nicht zuletzt Dr. Saliba Toutounji, Vorstand der syrisch-orthodoxen Gemeinde Leipzig. Ihnen, ebenso wie allen Privatpersonen, deren Namen wir anonymisiert haben, gilt ein großer Dank. Ihre Expertise, das Sprechen über ihre Erfahrungen, ihre privaten Lebenswege und ihr Verhältnis zur Religion haben uns die Möglichkeit gegeben, dieses Feld der Lebensrealitäten in Ostdeutschland nun für eine breitere Öffentlichkeit zugänglich zu machen und produktiv eine Forschungslücke zu bearbeiten. Doch trotz aller Mühe und allen Aufwands, trotz des wertvollen Wissens bleibt das explorative Vorgehen ein

---

3 Für den jüdischen Kontext sind die Arbeiten von Eulitz (2011, 2012, 2022), Körber (2015) und Belkin und Gross (2010) entscheidend. Für den muslimischen Kontext sind Stenske und Bioly (2021), Hakenberg und Klemm (2016) und Krüger (2018) unseres Wissens nach die Einzigen, die dazu Forschung betrieben haben. Für den christlichen Kontext sind vor allem Pollack und Pickel (2020) und Großbölting (2022) hervorzuheben. Literatur zu den orthodoxen Gemeinden, insbesondere zu syrisch-orthodoxen und armenischen Christen in Deutschland, ist vereinzelt zu finden. Lange und Pinggéra (2010) ist als Überblickswerk zu nennen, Basdekis (2006) versammelt Dokumente der ökumenischen Bewegung. Für den syrisch-orthodoxen aktuellen Kontext sind die journalistischen Beiträge Pietrus (2016) und Lammert-Türk (2022) relevant. Die Armenische Kirche in Deutschland stellt sich auf ihrer eigenen Homepage vor: https://dakd.de/. Darüber hinaus sind die Beiträge von Hein, Herbst und Stahl (2021) und Hafner, Völkening und Bocci (2018) sowie Gazer (2021) zu nennen.

grobes Umreißen, ein Anfang für weitere Forschung, ein fragmentiertes Beschreiben. Wir folgten Spuren und vertieften diese für weitere Forschungen. Eine Hypothese stellten wir jedoch nicht auf.

„Zeig mir deine Welt" – wie das erste Kapitel heißt – stellt die Perspektiven und Lebensrealitäten junger erwachsener Privatpersonen mit jüdischem, muslimischem und christlichem Glauben in den Vordergrund. Entlehnt aus einer Methode aus pädagogischen Kontexten, fotografieren die Autorinnen und Autoren einen Ort, der ihnen in ihrer Umgebung wichtig und für ihre religiöse Identität sowie ihre Gläubigkeit prägend ist. Mittels vier von uns vorgelegten Fragen beschreiben sie ihre Bezüglichkeit zu diesem Ort.

Einen Ebenenwechsel nehmen wir im darauffolgenden Teil des Buches vor, denn dort stehen nun zivilgesellschaftliche Akteure im Vordergrund, die ebenfalls gebürtig oder durch Zuzug in Ostdeutschland beheimatet sind. Sie sind etwas älter als die vorangegangenen Autorinnen und Autoren und weniger in der Ausbildung als im Erwerbsleben begriffen. Die Autorin Jana Hensel, die seit vielen Jahren prominent die Belange der ostdeutschen Gesellschaft bespricht, unterhält sich mit Igor Matviyets, Azim Semizoğlu und Mara Klein: über Ostdeutschland und ihre Erfahrung, dort eine religiöse Identität zu haben, die eine kleine Minderheit ist und entsprechend anderen Herausforderungen ausgesetzt ist als die Mehrheitsgesellschaft. Und es geht darüber hinaus um ehrenamtliches Engagement und die Impulse, die die jeweilige Stadt bzw. die Community aus Sicht der Akteure benötigt, um sich positiv zu entwickeln.

Dr. Olaf Glöckner wird sich als Historiker fokussiert mit jungen ostdeutschen Jüdinnen und Juden beschäftigen und anhand von Interviews deren Perspektive auf ihre Identität und ihre Wahrnehmung von Ostdeutschland aufzeigen. Es sind versammelte individuelle Einschätzungen und Lebensweisen, die hier einen besonderen Platz finden sollen. Auch hier sind Spektren jüdischer Identitäten erfasst, die sich eher säkular, traditionell oder religiös verstehen.

Collin Feuerstein stellt in einem analytisch-soziologischen Beitrag umfassend die Ergebnisse der forschenden Arbeit der „Denkfabrik Schalom Aleikum" vor. Nach unserem Kenntnisstand ist dies der erste Beitrag überhaupt mit der oben beschriebenen Schwerpunktsetzung: jüdische, muslimische und christliche junge Erwachsene in Ostdeutschland mit der übergeordneten Frage nach dem gesellschaftlichen Zusammenhalt. Anhand der Auswertung leitfadengestützter Interviews, grundlegender statistischer Auswertungen sowie einer gründlichen Literaturarbeit werden in dieser Analyse die Communities als soziale Netze im Sinne historisch gebildeter organisationaler Infrastrukturen sowie Mitgliederstrukturen beschrieben. Darauf aufbauend wird die innere Verbundenheit in diesen Communities untersucht, das heißt das Verbundenheitsgefühl sowie die Community-Identifikation in Form des Sich-als-Teil-der-Community-Sehens. Dieser Zusammenhang steht im Fokus der Analyse. Hierbei werden zum einen strukturelle Ähnlichkeiten, aber auch Differenzen zwischen den Communities deutlich, zum anderen folglich auch sich ähnelnde sowie differierende Aspekte hinsichtlich der inneren Verbundenheit in diesen Communities. Der Autor setzt als Ziel dieser explorativen Analyse die Herausarbeitung relevanter und grundlegender Aspekte des zu untersuchenden Zusammenhangs, die für weiterführende fundierte wissenschaftliche Analysen genutzt werden sollen.

In einem Fazit wird Magdalena Herzog die dargestellten Perspektiven bündeln und insofern abschließend ausleuchten. Des Weiteren geben wir einen Ausblick auf das trialogisch-religiöse Miteinander.

Überblick über die jüdischen, muslimischen und christlichen Communities in Ostdeutschland

Die Gegebenheiten für Juden, Musliminnen und Christen in Ostdeutschland unterscheiden sich grundlegend von denen in Westdeutschland. Darüber hinaus unterscheiden sich auch die Gegebenheiten für die drei Communities untereinander in hohem Maße. Beides ist begründet in der deutschen Teilungsgeschichte bzw. der Geschichte Ostdeutschlands seit der Wiedervereinigung

Daher werden wir mit grobem Strich die Lage der Religionsgemeinschaften heute vom Ende der DDR ausgehend zeichnen, um damit die gegenwärtige Situation in Ostdeutschland einordnen zu können und vor deren Hintergrund die nachfolgenden Beiträge zu verstehen. Der analytische Beitrag von Collin Feuerstein wird diesen Aspekt erneut aufgreifen und soziologisch abbilden.

In fünf Abbildungen stellen wir den Anteil der Religionsangehörigen an der Gesamtbevölkerung der ostdeutschen Flächenländer dar. In diesen Abbildungen gibt es bestimmte Restriktionen. Aufgezählte jüdische Mitglieder gehören den Gemeinden unter dem Dach des Zentralrats der Juden (ZdJ) an, die protestantischen Mitglieder den Gemeinden der Evangelischen Kirche in Deutschland (EKD) und die römisch-katholischen Mitglieder denen der Deutschen Bischofskonferenz (DBK). Die Zahlen für Muslime folgen keinem konkreten Organisationsbezug. Es handelt sich hierbei um Hochrechnungen, die möglicherweise verzerrt sind und nicht den exakten Anteil muslimischer Religionsangehöriger angeben.[4]

---

[4] Es gibt allgemein keine gänzlich verlässlichen Werte für Muslime in Ostdeutschland. Zwar bieten Pfündel, Stichs und Tanis (2021: 52) Werte für die regionale Verteilung (Bundesländer) der muslimischen Religionsangehörigen an. Diese Werte können einfach in den Anteil der Religionsangehörigen transformiert werden, wie dies hier gemacht wurde, wobei wir uns diesbezüglich auf 5,3 Millionen muslimische Religionsangehörige in Deutschland als Berechnungsbasis stützen (vgl. a. a. O.: 9). Diese Werte sind jedoch mit besonderer Vorsicht zu genießen, wie Pfündel, Stichs und Tanis (vgl. a. a. O.: 52) betonen. Sie verweisen nämlich darauf, dass auf Basis ihrer Studie keine Aussage über die Anzahl der muslimischen Religionsangehörigen in einzelnen Bundesländern möglich sei. Die von uns geleistete Hochrechnung sowie unsere grafische Darstellung der muslimischen Religionsangehörigen sind daher unter Vorbehalt zu betrachten. Die Werte sind als eine erste Annäherung zu betrachten (siehe den Beitrag von Collin Feuerstein in diesem Band, insbesondere S. 118 f.).

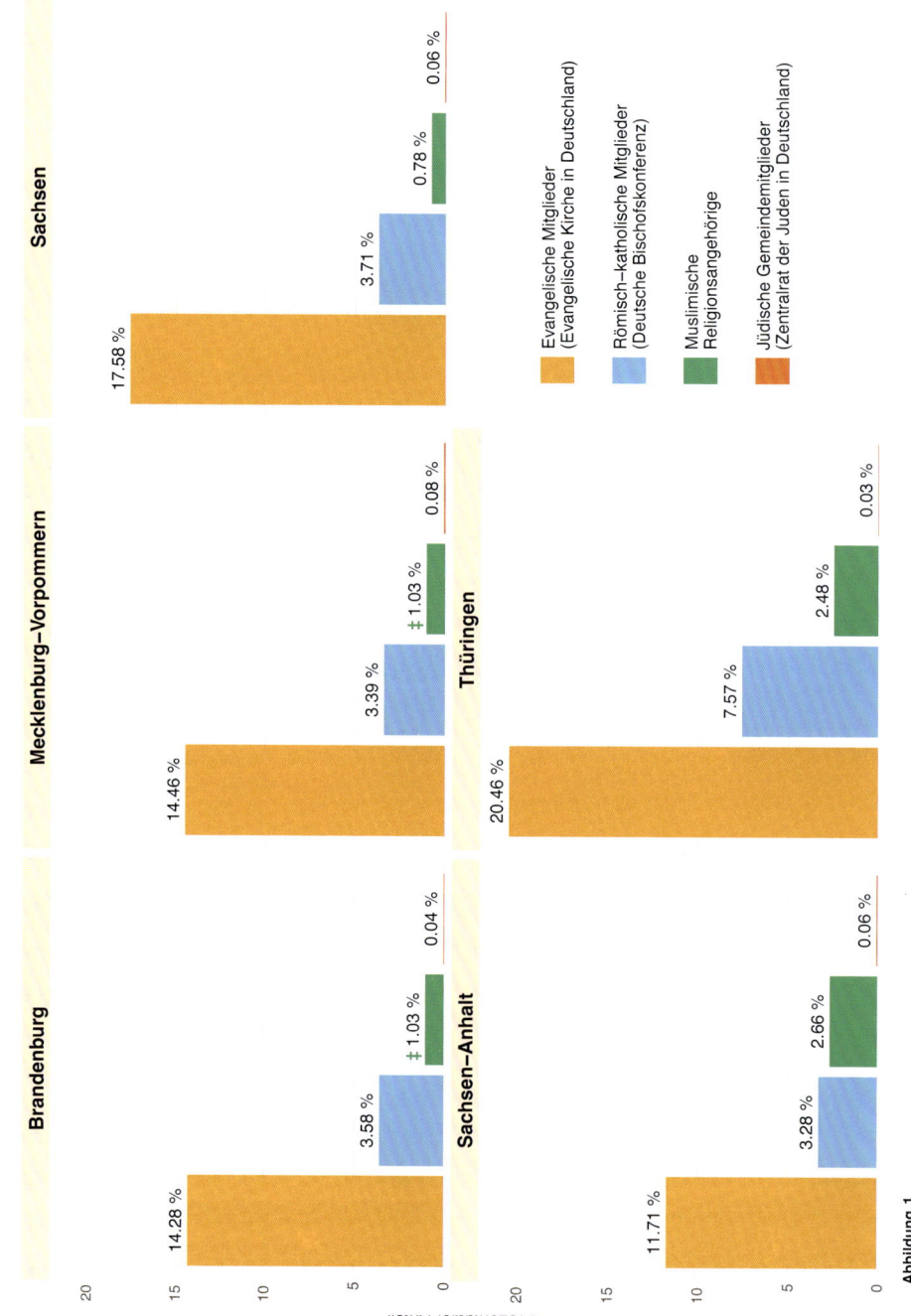

Religionszugehörigkeiten zum 31.12.2019

Anteil der Religionsangehörigen an der jeweiligen Gesamtbevölkerung
in den Flächenländern Ostdeutschlands

Brandenburg

14.28 %

‡ 1.03 % 3.58 %

0.04 %

Mecklenburg–Vorpommern

14.46 %

3.39 % ‡ 1.03 %

0.08 %

Sachsen

17.58 %

3.71 %

0.78 %

0.06 %

Sachsen-Anhalt

11.71 %

3.28 % 2.66 %

0.06 %

Thüringen

20.46 %

7.57 %

2.48 %

0.03 %

Prozentualer Anteil

- Evangelische Mitglieder
  (Evangelische Kirche in Deutschland)
- Römisch–katholische Mitglieder
  (Deutsche Bischofskonferenz)
- Muslimische
  Religionsangehörige
- Jüdische Gemeindemitglieder
  (Zentralrat der Juden in Deutschland)

Abbildung 1

‡ Die zur Berechnung herangezogenen Werte für Brandenburg und Mecklenburg–Vorpommern werden in der Statistik (Pfündel, Stichs, Tanis 2021) nicht separat ausgewiesen.
Zu sehen ist der summierte Anteil muslimischer Religionsangehöriger an der summierten Gesamtbevölkerung der beiden Bundesländer.

Quellen: DBK 2020; EKD 2020; Pfündel, Stichs, Tanis 2021; ZWST 2020; eigene Berechnungen (Collin Feuerstein)

In Abbildung 1 bekommen wir einen über die ostdeutschen Flächenländer gruppierten Vergleich zwischen den Religionszugehörigkeiten im Jahr 2019 zu sehen. Wir mussten uns auf dieses Jahr beziehen, damit wir einen relationalen Überblick über jüdische, muslimische und christliche Religionszugehörigkeiten geben können. Für aktuellere Jahre fehlen stets Werte zu Muslimen (vgl. Fn. 4).

Zum einen zeigt sich in diesem Diagramm, dass lediglich die EKD-Mitglieder einen zweistelligen prozentualen Anteil an der Gesamtbevölkerung der ostdeutschen Flächenländer einnehmen; in Thüringen machen sie sogar noch etwa ein Fünftel der Bevölkerung aus. In keinem ostdeutschen Flächenland gibt es jedoch eine Mehrheit an Konfessionellen. Besonders stechen die Zahlen zu den ZdJ-Gemeindemitgliedern hervor. Diese erreichen in keinem Flächenland einen Anteil von einem Zehntelprozent der Bundeslandbevölkerung. Grafisch kann deren Existenz, obzwar wir diese nur in ein religiöses Verhältnis gesetzt haben, kaum abgebildet werden, da ihre Anzahl schier zu niedrig ist. Des Weiteren zeigt sich, dass in Sachsen-Anhalt die Werte von Mitgliedern der römisch-katholischen Kirche und die (möglicherweise ungenauen) Werte von Muslimen nahe beieinanderliegen. Bedenkt man einerseits die sinkende Anzahl an römisch-katholischen Kirchenmitgliedern und die steigende Anzahl an muslimischen Religionszugehörigen, dann kann zurückhaltend prognostiziert werden, dass es hier in den nächsten Jahren zu einer gänzlichen Angleichung kommen kann. Anschließend ist auch auf die sinkende Mitgliederzahl in der EKD und der DBK sowie dem ZdJ zu verweisen. Eine Ausnahme stellt Brandenburg in den Jahren 2019 bis 2022 dar. Dort wuchsen die ZdJ-Gemeinden um 637 Personen an, die römisch-katholischen Kirchengemeinden um 2783 Mitglieder (vgl. DBK 2020; DBK 2023; ZWST 2020; ZWST 2023). Betrachtet man zudem die Werte über die einzelnen Länder hinweg, dann zeigt sich, dass diese innerhalb der religiösen Gruppe näher beieinanderliegen als zwischen den Gruppen – das wird auch in den Abbildungen 2 bis 5 deutlich. Es handelt sich hierbei um Choroplethenkarten, um Darstellungen der ostdeutschen Flächenländer samt flächenbezogener prozen-

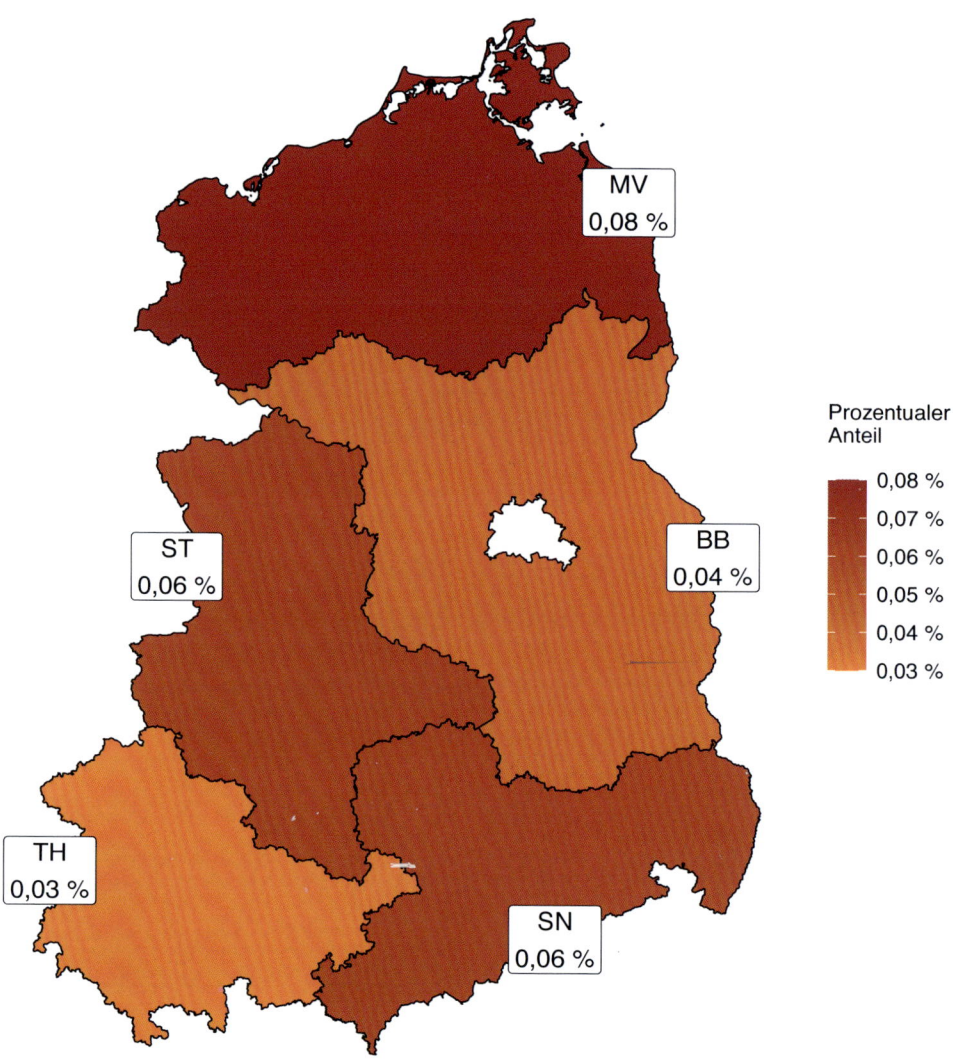

Religionszugehörigkeit zum 31.12.2019
Anteil jüdischer Gemeindemitglieder (Zentralrat der Juden) an der
jeweiligen Gesamtbevölkerung in den ostdeutschen Flächenländern

Abbildung 2

BB = Brandenburg, MV = Mecklenburg–Vorpommern, SN = Sachsen, ST = Sachsen–Anhalt,
TH = Thüringen

Quelle: ZWST 2020; eigene Berechnungen (Collin Feuerstein)

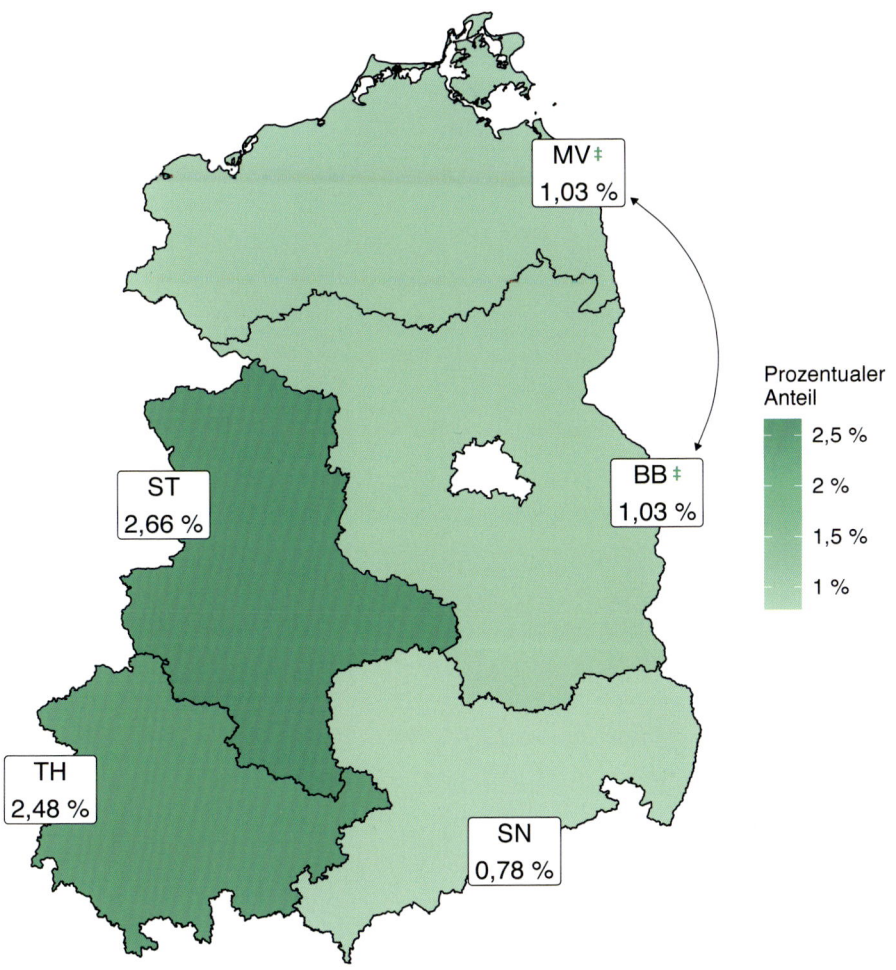

Religionszugehörigkeit zum 31.12.2019
Anteil muslimischer Religionsangehöriger an der jeweiligen
Gesamtbevölkerung in den ostdeutschen Flächenländern (Hochrechnung)

MV ‡
1,03 %

BB ‡
1,03 %

ST
2,66 %

TH
2,48 %

SN
0,78 %

Prozentualer
Anteil

2,5 %

2 %

1,5 %

1 %

Abbildung 3

BB = Brandenburg, MV = Mecklenburg–Vorpommern, SN = Sachsen, ST = Sachsen–Anhalt,
TH = Thüringen

‡ Die zur Berechnung herangezogenen Werte für BB und MV werden in der Statistik
(Pfündel, Stichs, Tanis 2021) nicht separat ausgewiesen. Zu sehen ist der summierte Anteil
muslimischer Religionsangehöriger an der summierten Gesamtbevölkerung BBs und MVs.

Quelle: Pfündel, Stichs, Tanis 2021; eigene Berechnungen (Collin Feuerstein)

Religionszugehörigkeit zum 31.12.2019
Anteil evangelischer Kirchenmitglieder (EKD) an der jeweiligen Gesamtbevölkerung in den ostdeutschen Flächenländern

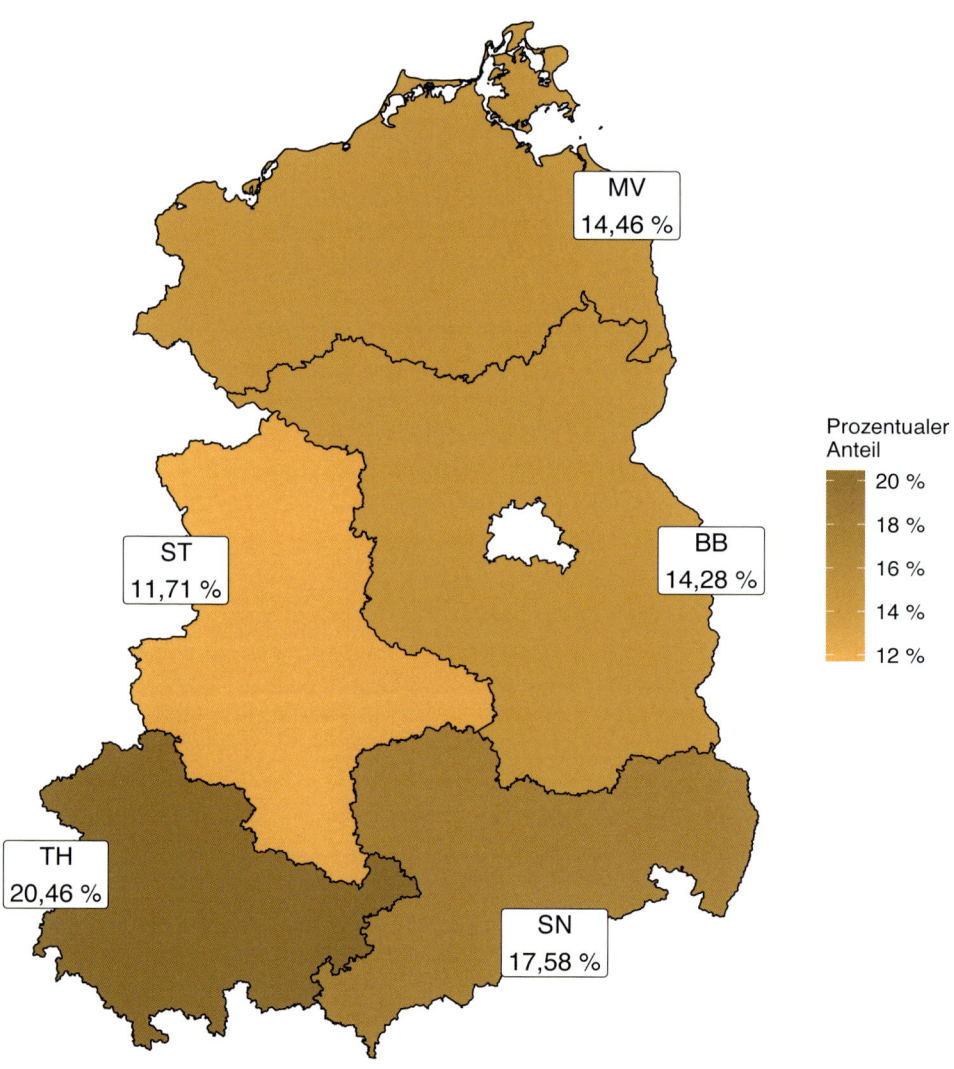

Abbildung 4

BB = Brandenburg, MV = Mecklenburg–Vorpommern, SN = Sachsen, ST = Sachsen–Anhalt, TH = Thüringen

Quelle: EKD 2020; eigene Berechnungen (Collin Feuerstein)

Religionszugehörigkeit zum 31.12.2019

Anteil römisch–katholischer Kirchenmitglieder (DBK) an der
jeweiligen Gesamtbevölkerung in den ostdeutschen Flächenländern

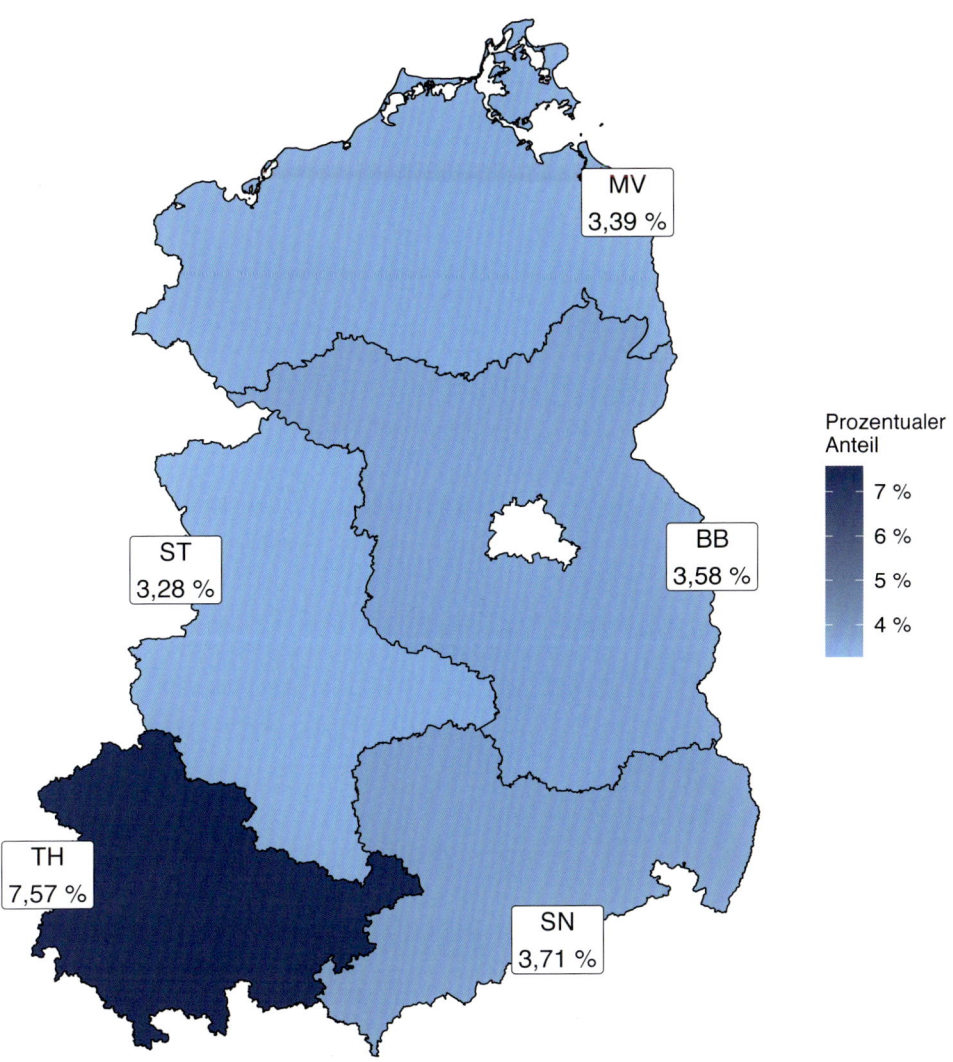

Abbildung 5

BB = Brandenburg, MV = Mecklenburg–Vorpommern, SN = Sachsen, ST = Sachsen–Anhalt,
TH = Thüringen

Quelle: DBK 2020; eigene Berechnungen (Collin Feuerstein)

tualer Anteile der Religionszugehörigen an der jeweiligen bundeslandbezogenen Gesamtbevölkerung im Jahr 2019. Die Anteile der jüdischen Gemeindemitglieder rangieren niedrig zwischen 0,03 und 0,08 %; dabei hat Thüringen (679) die niedrigste Mitgliederzahl und Sachsen (2440) die höchste. Die Abbildungen 2 bis 5 zeigen, dass sowohl der Anteil der DBK- als auch der EKD-Mitglieder in Thüringen am höchsten ist. Es ist zu betonen, dass in Thüringen der mehrheitlich katholisch geprägte Landkreis Eichsfeld liegt (vgl. Knop 2021: 171), der diesbezüglich einen Ausreißer darstellt.

Wir sehen insgesamt, wie gering der Anteil der Mitglieder der Religionsgemeinschaften an der Bevölkerung der ostdeutschen Flächenländer ist.

Jüdische Gemeinden – die Situation der Einheitsgemeinden

Zum Ende der DDR existierten sieben jüdische Gemeinden mit insgesamt etwa 400 Mitgliedern (vgl. Eulitz 2011: 3)[5], die für die rituelle Praxis unzureichend ausgestattet waren. Es wurde unterlassen, das, was in der NS-Zeit an jüdischen Einrichtungen und religiöser Infrastruktur zerstört worden war, neu aufzubauen und einzurichten, was wiederum mit der antireligiösen Politik der DDR zu tun hatte. Zugleich waren die meisten dortigen Jüdinnen und Juden areligiös sozialisiert und hatten „jede Bindung an die Tradition ihrer Vorfahren aufgegeben" (Talabardon 2021) bzw. waren viele Jüdinnen und Juden keine Gemeindemitglieder (vgl. Walther 2019, Berger 2021). Heute umfassen die ostdeutschen jüdischen Gemeinden fast 7000 Mitglieder mit 16 Gemeinden (vgl. ZWST 2023). Die Gemeinden der früheren DDR wurden in die Strukturen des Zentralrats der Juden in Deutschland aufgenommen und gehören damit seitdem den Einheitsgemeinden an. Der große Zuwachs ist vor allem auf die

---

5 Bei dieser Zählung ist Ostberlin inbegriffen.

Zuwanderung aus der ehemaligen Sowjetunion zurückzuführen. Religiöses Wissen besaßen nur wenige, begründet unter anderem durch die Assimilation, aber auch durch die ausgeprägte antireligiöse Politik in der Sowjetunion, wodurch die Meisten jüdische Tradition und Religion nicht pflegen bzw. überhaupt entwickeln konnten. Etwa die Hälfte der 220 000 sogenannten Kontingentflüchtlinge entschied sich für eine Mitgliedschaft in einer jüdischen Gemeinde der Bundesrepublik Deutschland.

Die Gemeinden, vor allem im Osten des Landes, die selbst sehr klein und wenig ausgebaut waren, durchliefen einen starken Wandel, um die hauptsächlich russischsprachigen Mitglieder zu integrieren und selbst eine funktionierende Gemeinde aufzubauen. Zur Verdeutlichung seien hier zwei Beispiele genannt: So bestand die Gemeinde Chemnitz zur Zeit des Falls der Mauer aus zwölf Mitgliedern, heute hat sie 513 Mitglieder. In Leipzig, wo die Gemeinde 1989 etwa 30 Mitglieder zählte (vgl. Eulitz 2011: 3), sind es heute 1091 Mitglieder (vgl. ZdJ 2023). Neben dem Engagement des Zentralrats der Juden in Deutschland begann die Roland S. Lauder Foundation in Ostdeutschland orthodoxes Leben zu fördern und war wesentlich am Aufbau religiöser Strukturen im Sinne einer gesetzestreuen Praxis beteiligt. Das geschah beispielsweise durch die Gründung von Jugendzentren. Auch die chassidische Organisation Chabad-Lubawitsch versuchte in den damals neuen Bundesländern Fuß zu fassen und konnte sich in Dresden erfolgreich etablieren. Daneben existiert dort seit 2021 eine weitere unabhängige Gemeinde, die Jüdische Kultusgemeinde, die sich als chassidisch-liberal versteht. Beide Gemeinden sind nicht Teil der dort angestammten Jüdischen Gemeinde zu Dresden, die Teil der Einheitsgemeinde ist. Sie wurde noch im Herbst 1945 gegründet. So kann man in geringem Maße von einer Pluralisierung jüdischen Gemeindelebens sprechen und auch von einer Revitalisierung religiösen Wissens im Sinne der generationellen Weitergabe.

Aus diesem organisationalen Engagement heraus konnten die Gemeinden vergleichsweise florieren. So gibt es in Chemnitz und Leipzig beispielsweise einen jüdischen Kindergarten. Jüdischen

Religionsunterricht gibt es in Sachsen und Sachsen-Anhalt seit 2020, in Thüringen bereits seit 1991.

Doch zugleich bleiben die Verhältnisse mangelhaft. Dies ist natürlich nicht monokausal zu verstehen, sondern ergibt sich nach unserer Einschätzung aus unterschiedlichen Aspekten. So gibt es – wie wir es in den Abbildungen sehen – wenige jüdische Ostdeutsche, wodurch sich nur bedingt eine heterogene Gelegenheitsstruktur ergeben kann. Hinzukommt, dass die Gemeinden nur wenige Mitglieder haben, die unter 40 Jahre alt sind, und diese häufig in die alten Bundesländer abwandern. So verzeichnet die Jüdische Studierendenunion (JSUD) – ihrer Homepage folgend – keine lokale Gruppe in den ostdeutschen Flächenländern.[6] Zugleich spielen fehlende Ressourcen eine wesentliche Rolle und die teils höchst bedrohliche Präsenz antidemokratischer und rechtsextremer Kräfte, die nicht allein vor Ort, sondern in der gesamten Bundesrepublik relevant ist. Die Ausschreitungen im August und September 2018 in Chemnitz, das Attentat auf die Synagoge in Halle am höchsten jüdischen Feiertag Jom Kippur 2019/5780 und die zugleich steigenden Wahlergebnisse der AfD auf Bundeslandebene seit deren Gründung erschweren eine positive und unbeschwerte Entwicklung des Gemeindelebens. Sosehr auch die Gemeinden in Westdeutschland gleichermaßen von den Wahlergebnissen betroffen sind, so ist deren ressourcenbezogene Ausstattung auf allen Ebenen gefestigter. Hinzu kommt, dass in den ostdeutschen Bundesländern beispielsweise Beschwerde- und Beratungsstellen noch im Aufbau begriffen sind. Jüdinnen und Juden können also weniger professionelle Räume finden, in denen sie strafrechtlichen und psychologischen Beistand erfahren.[7]

---

6 Internetauftritt der Jüdischen Studierendenunion, siehe www.jsud.de.

7 In den ostdeutschen Bundesländern Mecklenburg-Vorpommern (seit 2021), Sachsen (seit 2022), Sachsen-Anhalt (seit 2022) und Thüringen (seit 2020) gibt es RIAS-Meldestellen für antisemitische Vorfälle, die allerdings nicht immer vor Ort tätig sein können. In Sachsen (Dresden) und Sachsen-Anhalt (Halle) gibt es Beratungsstellen von Ofek e. V. vor Ort, an die sich Jüdinnen und Juden wenden können.

Am 17. September 2023 wurde das bauliche „jüdisch-mittelalterliche Erbe in Erfurt" (Deutsche UNESCO-Kommission 2023) in die Liste des Weltkulturerbes aufgenommen. Diese Wertschätzung verleiht dem jüdischen Erbe eine neue Bedeutung und wird diesem in Erfurt sicher zu neuer Prominenz verhelfen. Davon ausgehend ist zu hoffen, dass diese Aufmerksamkeit auch aktuellen jüdischen Themen und Anliegen zuteilwird. Denn jüdische Anliegen sind zugleich gesamtgesellschaftliche Anliegen.

Die muslimischen Vereine – eine plurale Landschaft

Ähnlich und doch ganz anders steht es um die muslimischen Communities und Gemeinden in Ostdeutschland. Als Teil einer muslimischen Community fassen wir hier alle Musliminnen und Muslime, die sich selbst als solche verstehen und lockere oder feste Verbindungen zu anderen Muslimen pflegen sowie die vorhandene Infrastruktur nutzen, wie beispielsweise das Kaufen von Halal-Lebensmitteln. Wir weichen von den präsentierten Statistiken ab und nehmen einen lebensweltlichen Blickwinkel ein. In der DDR gab es nach dem Ende des Zweiten Weltkriegs unserem Kenntnisstand nach keine angestammte muslimische Community; Musliminnen und Muslime kamen als Studierende bzw. als Vertragsarbeiterinnen aus den sozialistischen Bruderstaaten und mussten das Land nach Ablauf ihres Visums verlassen. Nur wenige konnten ein Verbleiben, beispielsweise über eine Heirat, erwirken. Die Gründung von religiösen Vereinen bzw. eine Vergemeinschaftung war kaum möglich, denn es wurde auf eine starke soziale Segregation geachtet.

Die wenigen Vereinigungen, die es gab, gehen auf Studenten und Arbeiter in den 1980er-Jahren zurück. Zu nennen ist hier die Al Faruq Moschee in Dresden, die genau in diesem Kontext entstanden ist (vgl. Akca 2021: 26). Doch auch unmittelbar nach der Wende gab es – nach unserem Kenntnisstand – kaum Gründungen von Gemeinden. Entgegen beispielsweise dem Land Thüringen, das bereits 1991 den jüdischen Religionsunterricht einrichtete, wurde diese bildungspolitische Anstrengung für Muslime – wie schon erwähnt – nicht unternommen. Die Gründung der Moscheevereine und die Vergrößerung der muslimischen Community sind vordergründig auf die Zuwanderung im Zusammenhang mit den Konflikten auf dem Balkan in den 1990er-Jahren zurückzuführen sowie auf die Migrationsbewegung ab den 2010er-Jahren aus dem Nahen und Mittleren Osten. Zugleich ist zu erwähnen, dass es einen Zuzug von westdeutschen Musliminnen und Muslimen in die neuen Bundesländer gab (vgl. Akca 2021). Daraus ergibt sich nicht nur, dass die Gemeinden und ihre Mitglieder sehr jung sind – entgegengesetzt zu den jüdischen Gemeinden –, sondern auch, dass ihre Strukturen sehr lose und die Ressourcen knapp sind. Entscheidend ist für diesen Zusammenhang, dass anders als bei jüdischen, evangelischen und katholischen Gemeinden kein Bezug von Steuergeldern besteht. Ausgenommen ist die Ahmadiyya Muslim Jamaat, die als Körperschaft des öffentlichen Rechts anerkannt ist und Steuergelder erhält.

In Westdeutschland begann durch die Zuwanderung von Muslimen ab den 1960er-Jahren durch die sogenannten Gastarbeiterinnen und Gastarbeiter der langsame Aufbau von Vereinen und die Etablierung einer entsprechenden Infrastruktur, die längst floriert und sich durch eine hohe Vielfalt und Festigkeit auszeichnet. Ein grobes Zahlenbild verdeutlicht die Situation: Von den bundesweit etwa 2800 Moscheevereinen befinden sich um die 50 in Ostdeutschland.[8] Muslimische Ostdeutsche bilden eine äußerst heterogene Gruppe, die Menschen aus verschiedenen Herkunftsländern vereint. Sie bringen eine hohe Pluralität religiöser Traditionen und Praktiken mit und gehören verschiedenen Glaubensrichtungen und Rechtsschulen an, was zu Spannungen führen kann. Zugleich ermöglicht diese Fragmentierung auch neue – lose – Zusammenkünfte und kreative Anpassungen. Muslimische Ostdeutsche ge-

---

[8] Die Zahlen folgen unserer Interviewpartnerin und Wissenschaftlerin Leonie Stenske, die wiederum dazu eine kritische Einschätzung gibt und diese in einem Blogbeitrag der „Denkfabrik Scholom Aleikum" ausführt. Sie sind daher als grobe Orientierung zu verstehen (Stenske 2023).

nießen außerdem nicht den Rückhalt durch größere Dachverbände wie beispielsweise DİTİB (Türkisch-Islamische Union der Anstalt für Religion), der Islamischen Gemeinschaft der Bosniaken in Deutschland (IGBD), den Zentralrat der Muslime in Deutschland (ZMD) oder der auch unter ernst zu nehmender Kritik stehenden Islamischen Gemeinschaft Millî Görüş (IGMG). DİTİB hat beispielsweise in Ostdeutschland keinen Landesverband und ist dort nur mit einer Handvoll Moscheen vertreten. Die erste repräsentative Moschee in Ostdeutschland, in Erfurt, wird für die Ahmadiyya Muslim Jamaat sein. Der Bauprozess war insbesondere in den Jahren 2016 und 2017 von teils erheblichen Protesten begleitet. Wesentlich zu verantworten hatte das die AfD (vgl. o. A. 2016). Hier ist zugleich hervorzuheben, dass diese Proteste und Widerstände aus einem zivilgesellschaftlichen demokratischen Konsens der ostdeutschen Gesellschaft hervorstechen. Die Proteste bringen diesen Konsens, für den viele am Ende der DDR gekämpft haben, ins Wanken – einen Konsens, bei dem sich viele entweder aktiv für den Moscheebau einsetzen, ihn verteidigen oder schlicht generell willkommen heißen. Die Mehrheit der ostdeutschen Bevölkerung stützt also Prozesse der gesellschaftlichen Pluralisierung. Zugleich sind diese Ereignisse für die muslimische Bevölkerung deutlich prägender und wirken sich auf das Wohlbefinden im Alltag anders aus als auf Ostdeutsche, die von derartigen Feindlichkeiten nicht betroffen sind.

Muslimisches Leben ist also ein sehr junges in Ostdeutschland. Im Vergleich zu Westdeutschland spiegeln die Verhältnisse für Musliminnen und Muslime am stärksten die Unterschiede wider, die durch die deutsche Teilung aufgemacht worden sind und bis heute hohe Wirkung zeigen – unter anderem im Kontext von Zuwanderung und gesellschaftlicher Vielfalt. Die Schwierigkeiten, denen die muslimische Community in Ostdeutschland gesellschaftlich und politisch ausgesetzt ist, bezeichnet Prof. Dr. Meltem Kulaçatan als eine „unterdrückte migrationsgesellschaftliche Situation" (Persönliches Gespräch, 06.06.2023).

Die besonderen Möglichkeiten ergeben sich gesellschaftspolitisch aus der enormen Heterogenität der muslimischen Community, denn neue Verbindungen, Kooperationen und Bündnisse können innerhalb der und über die Community hinaus eingegangen werden. Zugleich können es auch politische Aktivitäten oder auch Nicht-Aktivitäten muslimischer Gemeinden sein, die eine Zusammenkunft oder gar Zusammenarbeit für eine jüdische Gemeinde verunmöglichen, wie wir es aus einem Interview erfuhren (M. Privorozki, persönliches Gespräch, 04.05.2023). Festhalten können wir in jedem Falle, dass sich die muslimisch-religiöse Landschaft durch eine besondere Dynamik auszeichnet.

Evangelische, katholische und armenische Kirche – ein vielschichtiges Feld

Die christliche Landschaft Ostdeutschlands ist am deutlichsten strukturiert durch die beiden großen Kirchen, die Evangelische Kirche Deutschland (EKD) und die römisch-katholische Kirche (Deutsche Bischofskonferenz, DBK). Evangelische Christen machen den größten Teil religiöser Menschen in Ostdeutschland aus, darauf folgen Katholikinnen und Katholiken. Durch die beiden Institutionen stehen Christinnen und Christen auf gänzlich anderem Boden als Jüdinnen, Juden, Musliminnen und Muslime und deren Gemeinden und Vereine. Die Geschichte der Christinnen und Christen in Ostdeutschland folgt einer anderen Unterbrechung, eben der antireligiösen Politik der SED in der DDR. Nichtsdestotrotz lässt sich von einer relativen Kontinuität sprechen, aus der sich die gegenwärtigen, deutlich günstigeren Bedingungen ergeben. Zugleich ist eine Einschränkung vorzunehmen, denn die christliche Landschaft in Ostdeutschland stellt sich vielfältiger dar, als auf den ersten Blick erkennbar ist. So gibt es die verschiedenen orthodox-christlichen und orientalisch-christlichen Gemeinschaften, von denen wir die Syrisch-Orthodoxe Kirche einbeziehen und die Diözese der Armenischen Kirche (DAKD) genauer besprechen werden. Die syrisch-orthodoxe Gemeinschaft ist hauptsächlich nach der Wiedervereinigung durch Zuwanderung und Flucht entstanden, armenische Christinnen und Christen waren teils aus der Sowjetunion bereits während der DDR in Deutschland. Diese beiden und weitere kleine Gemeinden, wie die Griechisch-Orthodoxe, Russisch-Orthodoxe oder Koptisch-Orthodoxe Kirche, sind ebenfalls nicht als Körperschaften des öffentlichen Rechts verfasst und nur durch dünne Fäden ihrer Struktur überlebensfähig. In der Analyse werden wir neben den beiden Großkirchen allein die armenische Gemeinschaft betrachten. Trotzdem gehören die kleinen christlichen Gemeinschaften zu der vielschichtigen und doch kargen religiösen Landschaft Ostdeutschlands.

Zu betonen ist in diesem Kontext noch einmal die schwierige Situation für evangelische und insbesondere für katholische Christinnen und Christen in der DDR, die verbunden war mit Repressalien und Gängelungen, mit „abgebrochenen Biografien" und „verhinderter Entfaltung" (J. Ev. Hafner, persönliches Gespräch, 23.05.2023). Diese Entfaltung wurde oftmals gestört, wenn gläubige Christinnen und Christen auf ihrer religiösen Praxis bestanden, die Jugendweihe verweigerten und auf der Konfirmation und Firmung beharrten. In den widerständigen Bewegungen, den Friedens-, Umwelt-, Frauen- und Menschenrechtsgruppen, die auch den Fall der Mauer mit erwirkten, waren viele Christinnen und Christen engagiert. Wahrscheinlich sind die katholischen und evangelischen Christinnen und Christen zu einer der Gruppierungen zu zählen, die das Ende der DDR stark herbeigewünscht und den Mauerfall – zunächst – vorbehaltlos positiv erlebt haben. Für viele war dann eine berufliche Entfaltung möglich oder zumindest möglicher als vorher (vgl. Pollack, Rosta 2022). Nicht zu vergessen ist die persönliche und private Freiheit, denn die negativen Konsequenzen, die eine Kirchenmitgliedschaft in der DDR nach sich zog, entfielen nun. Die Eintritte stiegen kurz nach der Wende und fielen schnell wieder (vgl. Großbölting 2022). Dieser Prozess der sinkenden Mitgliederzahlen ist bisher unverändert, immer öfter werden Gemeinden zusammengelegt, sodass die Struktur und die damit einhergehenden Angebote von Jugend- bis Altenarbeit, interreligiöser Arbeit und Seelsorge schrumpfen. In

Anbetracht der präsenten und weiterhin wachsenden Bedeutung antidemokratischer Kräfte ist dies, gerade im Hinblick auf die politische Geschichte der Kirchen in der DDR und den nachfolgenden Jahren, ein äußerst bedenklicher Prozess. Zugleich befindet sich beispielsweise derzeit eine syrisch-orthodoxe Kirche im Aufbau in Leipzig. Bisher hatte die Gemeinde ihre Gottesdienste in der Katholischen Propstei St. Trinitatis abgehalten. Während also Mitgliederzahlen sinken, ist zugleich eine Pluralisierung christlicher Religiosität zu betrachten, die sich auch im Stadtbild niederschlägt.

Abschließend ist festzuhalten, dass die beiden Großkirchen gegenüber den anderen hier relevanten Gemeinden und Communities in erheblichem Vorteil sind – die sakralen Räume und die dazugehörige Infrastruktur sind schlicht da. Und doch stehen sie hinter den westdeutschen Verhältnissen wiederum deutlich zurück.

Abschluss

Wir können nun erahnen, wie vielschichtig die religiöse Landschaft in Ostdeutschland ist, obwohl es ein loses und dünnes Netz ist, das einen teilweise sehr kleinen Teil der ostdeutschen Gesellschaft umspannt. Um im Bild zu bleiben: Es ist ein Netz, das für die verschiedenen Communities eine unterschiedliche Stabilität aufweist und entsprechend ihre Mitglieder anders auffangen kann. All die damit verbundenen Orte des Betens und des sozialen Miteinanders wie Synagogen, Moscheen und Kirchen, die teils unter großen Anstrengungen ihrer Mitglieder aufgebaut und gepflegt werden, sind in ihrer Unterschiedlichkeit ein Kleinod der ostdeutschen Gesellschaft. Wie wenigen ist bekannt, dass man in Leipzig einen syrisch-orthodoxen Gottesdienst in einer katholischen Kirche besuchen kann? Wie viele Menschen in Chemnitz wissen darum, dass sie einen jüdischen Kindergarten haben? Das religiöse Leben bzw. die Diversität der ostdeutschen Gesellschaft ist mitunter recht versteckt und nicht immer imposant in der Wirkung, ganz besonders, wenn wir auf Moscheevereine schauen, die mit äußerst geringen Ressourcen Orte für ihre Community aufbauen.

Auf den nächsten Seiten lernen Sie ein Spektrum vitaler religiöser Traditionen in Ostdeutschland kennen und erhalten einen Einblick, wie deren Angehörige die Beziehung zur eigenen Community und dem gesellschaftlichen Umfeld pflegen und sie erleben. Sie erfahren auch etwas darüber, wie die Angehörigen religiöser Communities in einer weitestgehend homogenen Gesellschaft als kleine ethnische und religiöse Minderheit leben, deren Geschichte dringend in die ostdeutsche und bundesrepublikanische Geschichte eingeschrieben werden muss.

Magdalena Herzog, Mag., studierte Religionswissenschaft, Islamwissenschaft und Jüdische Studien sowie Middle Eastern History. Sie ist als Wissenschaftliche Mitarbeiterin im Bereich Sozialwissenschaften bei der „Denkfabrik Schalom Aleikum" des Zentralrats der Juden in Deutschland tätig.

Literaturverzeichnis

Akca, Ayşe Almıla (2021): Muslimisches Leben in Ost- und Westdeutschland. In: Bioly, Tom; Stenske, Leonie (Hrsg.): Muslimisches Leben in Ostdeutschland. Leipzig: o. V. S. 20–42. URL unter: https://ul.qucosa.de/api/qucosa%3A75859/attachment/ATT-0/ (zuletzt: 09.10.2023)

Allmendinger, Jutta (2015): Soziale Ungleichheit, Diversität und soziale Kohäsion als gesellschaftliche Herausforderung. In: vhw-Fachkolloquium. Soziale Ungleichheit, Diversität und soziale Kohäsion. vhw FWS 3 / Mai–Juni. URL unter: www.vhw.de/fileadmin/user_upload/08_publikationen/verbandszeitschrift/FWS/2015/3_2015/FWS_3_15_Allmendinger.pdf (zuletzt: 25.08.2023)

Basdekis, Athanasios (Hrsg.) (2006): Orthodoxe Kirche und ökumenische Bewegung: Dokumente – Erklärungen – Berichte 1900–2006. Frankfurt am Main: Otto Lembeck

Belkin, Dmitrij; Gross, Raphael (Hrsg.) (2010): Ausgerechnet Deutschland! Jüdisch-russische Einwanderung in die Bundesrepublik (Begleitpublikation zur Ausstellung im Jüdischen Museum Frankfurt.) Berlin: Nicolai

Berger, Gabriel (2021): War die DDR antisemitisch? In: Deutschland Archiv. Bundeszentrale für politische Bildung (18.3.2021). URL unter: www.bpb.de/themen/deutschlandarchiv/328430/war-die-ddr-antisemitisch/ (zuletzt: 20.09.2023)

bpb – Bundeszentrale für politische Bildung (2020): Soziale Situation in Deutschland. Religion. In: Bundeszentrale für politische Bildung. URL unter: www.bpb.de/kurz-knapp/zahlen-und-fakten/soziale-situation-in-deutschland/145148/religion/ (zuletzt 04.09.2023)

Brand, Thorsten; Follmer, Robert; Unzicker, Kai (2020): Gesellschaftlicher Zusammenhalt in Deutschland 2020. Eine Herausforderung für uns alle. Ergebnisse einer repräsentativen Bevölkerungsstudie (Bertelsmann Stiftung). URL unter: www.bertelsmann-stiftung.de/fileadmin/files/BSt/Publikationen/GrauePublikationen/ST-LW_Studie_Gesellschaftlicher_Zusammenhalt_2020.pdf (zuletzt: 25.08.2023)

DAKD – Diözese der Armenischen Apostolischen Kirche in Deutschland e. V. URL unter https://dakd.de/ (zuletzt: 18.09.2023)

DBK – Sekretariat der Deutschen Bischofskonferenz (Hrsg.) (2020): Katholische Kirche in Deutschland. Statistische Daten 2019. URL unter: www.dbk.de/fileadmin/redaktion/diverse_downloads/presse_2020/2020-106a-DBK_Flyer_Kirchliche-Statistik_2019.pdf

DBK – Sekretariat der Deutschen Bischofskonferenz (Hrsg.) (2023): Katholische Kirche in Deutschland. Statistische Daten 2022. URL unter: www.dbk.de/fileadmin/redaktion/diverse_downloads/presse_2023/DBK_FLY_Statistik_2022_Ansicht.pdf (zuletzt: 09.10.2023)

Deutsche UNESCO-Kommission (2023): Welterbe: Jüdisch-Mittelalterliches Erbe in Erfurt von UNESCO ausgezeichnet. 52. Welterbestätte in Deutschland gekürt. Pressemitteilung, 17.09.2023. URL unter: www.unesco.de/kultur-und-natur/welterbe/welterbe-juedisch-mittelalterliches-erbe-erfurt-von-unesco-ausgezeichnet (zuletzt: 28.09.2023)

EKD – Evangelische Kirche in Deutschland (2020): Kirchenmitgliederzahlen. Stand 31.12.2019. Evangelische Kirche in Deutschland. URL unter: www.ekd.de/ekd_de/ds_doc/Ber_Kirchenmitglieder_2019.pdf (zuletzt: 17.10.2023)

Eulitz, Melanie (2011): Die Neuformierung der jüdischen Gemeinden in Ostdeutschland. In: REGARD SUR L'EST. URL unter: https://regard-est.com/die-neuformierung-der-judischen-gemeinden-in-ostdeutschland (zuletzt: 10.08.2023)

Eulitz, Melanie (2012): (Un-)Orthodoxe Biographie: Ein Weg zur jüdischen Religion. In: Medaon – Magazin für jüdisches Leben in Forschung und Bildung, 6 (10). URL unter: www.medaon.de/de/artikel/un-orthodoxe-biografie-ein-weg-zur-juedischen-religion/ (zuletzt: 31.08.2023)

Eulitz, Melanie (2022): Kontinuität und Pluralität. Ein soziologischer Blick auf die Entwicklung einer jüdischen Gemeinde. In: Bundeszentrale für politische Bildung (Hrsg.): Jüdisches Leben in Deutschland. S. 208–217. URL unter: www.bpb.de/system/files/dokument_pdf/APuZ-Edition_JLiD_ba_0.pdf (zuletzt: 31.08.2023)

Gazer, Haçik Rafi (2021): Auszüge aus dem Leben in der Diaspora. Die Armenische Kirche in Deutschland. In: Bracht, Katharina; Söding, Thomas (Hrsg.): Diaspora und Sendung. Erfahrungen und Auftrag christlicher Kirchen im pluralen Deutschland. Leipzig: Evangelische Verlagsanstalt. S. 99–110

Großbölting, Thomas (2022): Das religiöse Feld in Ostdeutschland: Von der Volkskirche über die Minderheitenkirche zur Avantgarde. In: Deutschland Archiv. Bundeszentrale für politische Bildung (15.04.2022). URL unter: www.bpb.de/themen/deutschlandarchiv/507326/das-religioese-feld-in-ostdeutschland/ (zuletzt: 25.08.2023)

Hafner, Johann Ev.; Völkening, Helga; Becci, Irene (Hrsg.) (2018): Glaube in Potsdam. Band I. Religiöse, spirituelle und weltanschauliche Gemeinschaften. Beschreibungen und Analysen. Baden-Baden: Ergon

Hakenberg, Marie; Klemm, Verena (Hrsg.) (2016): Muslime in Sachsen. Geschichte, Fakten, Lebenswelten. Sonderausgabe für die Sächsische Landeszentrale für politische Bildung. URL unter: www.slpb.de/fileadmin/media/Publikationen/Ebooks/Edition_Leipzig__FINAL_Muslime-in-Sachsen_lpb.pdf (04.09.2023)

Hein, Uwe; Herbst, Michael; Stahl, Benjamin (2021): Religionsgemeinschaften in ländlichen Räumen. URL unter: www.bpb.de/themen/stadt-land/laendliche-raeume/335931/religionsgemeinschaften-in-laendlichen-raeumen/ (zuletzt: 28.09.2023)

Knop, Julia (2021): Wege aus der Volkskirche. Neue und alte Diasporaerfahrungen der römisch-katholischen Kirche in Deutschland. In: Bracht, Katharina; Söding, Thomas (Hrsg.): Diaspora und Sendung. Erfahrungen und Auftrag christlicher Kirchen im pluralen Deutschland. Leipzig: Evangelische Verlagsanstalt. S. 168–181

Körber, Karen (2015): Zäsur, Wandel oder Neubeginn? Russischsprachige Juden in Deutschland zwischen Recht, Repräsentation und Realität. In: Körber, Karen (Hrsg.): Russisch-jüdische Gegenwart in Deutschland. Interdisziplinäre Perspektiven auf eine Diaspora im Wandel (Schriften des Jüdischen Museums Berlin, Bd. 3). Göttingen: Vandenhoeck & Ruprecht. S. 13–36

Krüger, Karen (2018): Eine Reise durch das muslimische Brandenburg. Potsdam: RAA Brandenburg, URL unter: https://raa-brandenburg.de/Portals/4/media/UserDocs/News%20und%20Termine%202019/RAA_Krueger_Muslime_Online%20%2800000002%29.pdf (zuletzt 04.09.2023)

Lange, Christian; Pinggéra, Karl (Hrsg.) (2010): Die altorientalischen Kirchen. Glaube und Geschichte. Darmstadt: WBG

Lammert-Türk, Gunnar (2022): Syrisch-orthodoxe Gemeinde in Berlin. Spirituelle Heimat für Geflüchtete. In: Deutschlandfunk Kultur, 09.10.2022. URL unter: www.deutschlandfunkkultur.de/syrisch-orthodoxe-gemeinde-spirituelle-heimat-gefluechtete-100.html (zuletzt: 18.09.2023)

MDR (2022): Jung, gläubig, ostdeutsch – im Land der Atheisten. URL unter: www.mdr.de/video/mdr-plus-videos/video-exactly-jung-glaeubig-ostdeutsch100.html (zuletzt: 13.09.2023)

MDR (2023): Wir sind hier – Muslime in Ostdeutschland. URL unter: www.mdr.de/tv/programm/sendereihe-muslime-in-ostdeutschland-100.html (zuletzt: 13.09.2023)

o. A. (2016): 700 marschieren gegen Moscheebau. In: Der Spiegel, 18.05.2016. URL unter: www.spiegel.de/politik/deutschland/afd-demonstriert-gegen-moscheebau-in-erfurt-a-1092971.html (zuletzt: 01.09.2023)

Pfündel, Katrin; Stichs, Anja; Tanis, Kerstin (2021): Muslimisches Leben in Deutschland 2020: Studie im Auftrag der Deutschen Islam Konferenz. (Forschungsbericht / Bundesamt für Migration und Flüchtlinge (BAMF) Forschungszentrum Migration, Integration und Asyl (FZ), 38). Nürnberg: Bundesamt für Migration und Flüchtlinge (BAMF) Forschungszentrum Migration, Integration und Asyl (FZ). https://nbn-resolving.org/urn:nbn:de:0168-ssoar-73274-8 (zuletzt: 28.09.2023)

Pickel, Gert (2020): Kirchenbindung und Religiosität in Ost und West. In: Lange Wege der Deutschen Einheit. Bundeszentrale für politische Bildung. URL unter: www.bpb.de/themen/deutsche-einheit/lange-wege-der-deutschen-einheit/47190/kirchenbindung-und-religiositaet-in-ost-und-west/ (zuletzt 04.09.2023)

Pietrus, Astrid (2016): Syrisch-orthodoxe und Katholiken. Christen in Leipzig entdecken sich. In: Deutschlandfunk, 20.05.2016. ULR unter: www.deutschlandfunk.de/syrisch-orthodoxe-und-katholiken-christen-in-leipzig-100.html (zuletzt: 18.09.2023)

Pollack, Detlef (1996): Zur religiös-kirchlichen Lage in Deutschland nach der Wiedervereinigung: Eine religionssoziologische Analyse. In: Zeitschrift für Theologie und Kirche 93, No. 4. S. 586–615

Pollack, Detlef; Rosta, Gergely ([2]2022): Religion in der Moderne. Ein internationaler Vergleich. Frankfurt am Main / New York: Campus

Stenske, Leonie; Bioly, Tom (Hrsg.) (2021): Muslimisches Leben in Ostdeutschland. Leipzig, o. V. S. 20–42. wissURL unter: https://ul.qucosa.de/api/qucosa%3A75859/attachment/ATT-0/ (zuletzt: 09.10.2023)

Stenske, Leonie (2023): Einblicke in das ostdeutsche muslimische Feld. In: Blog der Denkfabrik Schalom Aleikum. URL unter: www.denkfabrik-schalom-aleikum.de/einblicke-in-das-ostdeutsche-muslimische-feld/ (zuletzt: 04.09.2023)

Talabardon, Susanne (2021): Jüdisches Leben in der DDR. In: Jüdisches Leben in Deutschland nach 1945. Informationen zur politischen Bildung. Bundeszentrale für politische Bildung. URL unter: www.bpb.de/shop/zeitschriften/izpb/juedisches-leben-348/juedisches-leben-348/341615/juedisches-leben-in-der-ddr/ (zuletzt: 28.08.2023)

Walther, Alexander (2019): Keine Erinnerung, nirgends? Die Shoah und die DDR. In: Deutschland Archiv. Bundeszentrale für politische Bildung. URL unter: www.bpb.de/themen/deutschlandarchiv/293937/keine-erinnerung-nirgends/ (zuletzt: 20.09.2023)

ZdJ – Zentralrat der Juden in Deutschland (2023): Unsere Landesverbände vor Ort. Israelitische Religionsgemeinde zu Leipzig K. d. ö. R. URL unter: www.zentralrat-derjuden.de/vor-ort/landesverbaende/key//israelitische-religionsgemeinde-zu-leipzig-kdoer/ (zuletzt: 06.09.2023).

ZWST – Zentralwohlfahrtsstelle der Juden in Deutschland e. V. (Hrsg.) (2020): Mitgliederstatistik der jüdischen Gemeinden und Landesverbände in Deutschland für das Jahr 2019 (Kurzversion). URL unter: https://zwst.org/sites/default/files/2021-08/ZWST-Mitgliederstatistik-2019-Kurzversion.pdf (zuletzt: 09.10.2023)

ZWST – Zentralwohlfahrtsstelle der Juden in Deutschland e. V. (Hrsg.) (2023): Mitgliederstatistik 2022 der jüdischen Gemeinden und Landesverbände in Deutschland (Kurzversion). URL unter: https://zwst.org/sites/default/files/2023-05/ZWST-Mitgliederstatistik-2022-Kurzversion.pdf (zuletzt: 13.09.2023)

Abbildungsverzeichnis

Zeig mir deine Welt – Leonid, Sultan, Elsa

Religiöse Stimmen junger Erwachsener in Ostdeutschland

Mit einer Einführung von Lorenz Hegeler und Akin Şimşek

Identitäten sind mehrdimensional. Dabei sind viele Dimensionen von Bedeutung, unter anderem Familie, Religion, Kultur oder gesellschaftlicher Status. Im Falle ostdeutscher Identitäten spielen religiöse Momente öffentlich und privat in der Regel eine untergeordnete Rolle. Für die in diesem Buch untersuchten Lebensrealitäten von Menschen der Region wurden, dem Fokus der „Denkfabrik Schalom Aleikum" folgend, jedoch größtenteils religiöse oder aus einem religiösen Hintergrund kommende Menschen befragt. Dieses Vorgehen eröffnet uns keinen repräsentativen Blick auf Ostdeutschland, wohl aber einen auf religiöse Perspektiven vor Ort. Trotz der oft diagnostizierten Abwesenheit von Religionen zeigen wir auf, dass diese keineswegs fehlen. Sie mögen öffentlich-medial nicht besonders präsent sein und werden anders gelebt. Wie religiöses Leben speziell in Ostdeutschland gelebt wird und was es im Partikulären ausmacht, dazu haben wir Personen vor Ort erzählen lassen.

Um eine kurze Einführung in ostdeutsche religiöse Lebenswelten zu bekommen, arbeiten wir in diesem Kapitel mit der Methode „Mein Mitbringsel" (Müller 2016: 159 f.), die beispielsweise aus schulischen und anderen Bildungskontexten bekannt ist. Nach dieser werden Personen gebeten, einen Gegenstand vorzustellen, der für sie von Bedeutung ist bzw. der sie in einer Eigenschaft, einem Hobby oder einer Überzeugung ausmacht. Bücher, Bilder oder andere Objekte können einen Einblick in die Welt des Gegenübers geben und einen Raum des gemeinsamen Teilens und Erfahrens ermöglichen. Durch diese Begegnung entsteht ein Dialog zwischen den sich vorstellenden Personen und den Leserinnen und Lesern. Die Lesenden erhalten dadurch einen Bezug und Kenntnisse zur Region. Diese Methode wurde für die vorliegende Publikation adaptiert und modifiziert. Ziel der Methode ist die tätige Mitgestaltung von Personen der erforschten Region und das intensive persönliche Kennenlernen. Da wir vermittels der angefragten und in Ostdeutschland lebenden Personen mehr über die Region in Erfahrung bringen wollen, sollten sie uns keine Gegenstände des alltäglichen Lebens zeigen, sondern einen wichtigen Ort ihres religiösen Lebens in der Region beschreiben.

Aus drei jungen jüdischen, muslimischen und christlichen Perspektiven legen unsere Autorinnen und Autoren in diesem Kapitel einen für sie wichtigen religiösen Ort dar. Veranschaulichend dazu baten wir sie, zudem ein Foto des besagten Ortes zu schießen, das wir nun beim jeweiligen Text abgedruckt haben. Auf den folgenden Seiten sind drei bedeutende religiöse Alltagsräume in Ostdeutschland von Leonid, Sultan und Elsa sicht- und lesbar.

Über die textlich vermittelten Räume des religiösen Lebens in Ostdeutschland werden tiefer zugrundeliegende Strukturen von religiösen Gruppen offengelegt. So zeigen sich beispielsweise in der Auseinandersetzung mit dem Text von Sultan die für die Region typische Situation von Musliminnen und Muslimen. Während Leonid seinen Platz in der Leipziger Synagoge und Elsa das Radebeuler

Gemeindehaus als Orte religiösen Geschehens vorstellen, beschreibt Sultan einen Waldweg in der Nähe ihres Wohnortes als religiösen Raum. Diese Ortswahl mag auf die kaum vorhandene muslimische Infrastruktur in den ostdeutschen Bundesländern hindeuten: Gibt es in ihrer Nähe schlichtweg keine Moschee und nur vereinzelte muslimisch geprägte religiöse und kulturelle Angebote? Verlagert sich deshalb ihr religiöser Alltag verstärkt auf ihre private Aktivität?

Lorenz Hegeler, M.A., studierte Katholische Theologie, Europäische Ethnologie und Interreligiöse Studien. Er arbeitet als Projektassistent bei der „Denkfabrik Schalom Aleikum" des Zentralrats der Juden in Deutschland.

Akin Şimşek, LL. B., studierte Rechtswissenschaften. Er arbeitet als Wissenschaftlicher Mitarbeiter im Bildungsbereich der „Denkfabrik Schalom Aleikum" des Zentralrats der Juden in Deutschland.

Literaturverzeichnis

Müller, Franz ([5]2016): Selbstständigkeit fördern und fordern. Handlungsorientierte und praxiserprobte Methoden für alle Schularten und Schulstufen. Weinheim: Beltz

Unzählige Erinnerungen bis in die Gegenwart

Leonid

Beschreibe uns den Ort auf dem Foto:

Dieser besondere Ort ist die Brodyer Synagoge in Leipzig. Diese Synagoge ist von früher 21 existierenden Synagogen und Gebetshäusern die letzte bestehende und aktive Synagoge in Leipzig. Das Foto habe ich an meinem Sitzplatz in der Synagoge gemacht.

Weshalb ist die Synagoge wichtig für dich?

Da ich jüdisch bin, können sich viele vorstellen, dass für mich dieser Ort ziemlich wichtig ist. Allerdings bestehen auch andere Gründe, die diesen Ort, diesen Sitzplatz, für mich so bedeutsam machen.

Es waren unglaubliche Persönlichkeiten mit faszinierenden Geschichten und unterschiedlichen Hintergründen, die mich dort beeindruckten. Das Leben zwischen Juden unterschiedlicher Herkunft, Religiosität und Altersgruppen, das mal mehr, mal weniger harmonisch war, zeigte mir, dass es immer etwas gibt, das Menschen vereint und uns gemeinsam voranschreiten lässt, auch in schwierigen Zeiten.

Im Laufe der Jahre haben jedoch viele Menschen die Gemeinde verlassen, insbesondere junge Leute, die in größere und für sie bedeutungsvollere Städte gezogen sind. Dadurch ging ein wichtiger Aspekt verloren, der diesen Ort für mich so schön gemacht hat. Erst als ich älter wurde, erkannte ich, dass hier immer noch dieser wichtige jüdische Aspekt in kleinerem Maßstab besteht. Ich realisierte immer mehr, wie spirituell und anziehend dieser Ort ist. Genau das macht ihn für mich so wunderbar.

Jeder Besuch ist (fast) ein einzigartiges Erlebnis voller Freude, Aufregung und Geborgenheit, das nicht nur ich, sondern auch viele andere empfinden. Diese emotionale Achterbahn und die vielfältigen Wahrnehmungen lassen die Synagoge jedes Mal heller erstrahlen als zuvor. Besonders die Gesänge erzeugen eine magische Verbundenheit, die es ermöglicht, trotz schwieriger Umstände eine Einheit zu bilden.

Der letzte Punkt schließt sich an den Anfang an. Die Gebete in der Synagoge sind ein wesentlicher Bestandteil des Judentums, ebenso wie in jeder anderen Religion. Die jüdischen Gebete haben eine komplexe und tiefe Bedeutung mit vielen Facetten. Lange Zeit habe ich mich mit dieser Komplexität auseinandergesetzt und die Gebete wurden für mich immer mehr zu einer Art Meditation. Man könnte sogar sagen, dass sie zu einem Prozess der Selbstoptimierung wurden.

Welche Erinnerungen hast du an die Synagoge?

Mit diesem Ort verbinde ich zahlreiche Erinnerungen, und es ist schwer zu sagen, welche davon für mich am bedeutsamsten sind. Generell erinnere ich mich an die Yam'im Tovim, die heiligen Feste, an denen besonders viele Menschen teilnehmen und spezielle Melodien für die Gebete ausgewählt werden.

Wenn ich an diesen Ort denke, erinnere ich mich an das Schabbat-Lied „Lecha Dodi". Dieses Lied läutet den Schabbat ein und es berührt mich jedes Mal zutiefst. Obwohl der Schabbat jede Woche stattfindet, ist er einer der wichtigsten Feiertage im Judentum. Einmal sagte jemand nach dem Schabbat-Abendgebet zu mir: „Leonid, du hast heute geleuchtet!". Damit meinte er, dass ich vollkommen aufgegangen bin, als ich „Lecha Dodi" gesungen habe, und dass ich kraftvoller als sonst gesungen habe. Das zeigte mir erneut, wie wichtig es ist, sich anderen zu öffnen und sie einzuladen, mitzumachen oder mitzusingen.

Es gibt auch noch andere besondere Momente, die mich bewegten, wie zum Beispiel beim letzten Fest Simchat Tora, als wir mit den Thorarollen getanzt haben und ich zum ersten Mal mit diesen tanzte.

Wie reagieren (die meisten/andere) Menschen auf diese Synagoge?

Es ist ehrlich gesagt nicht einfach zu beantworten, denn dieser Ort kann für einige wundervoll sein, während er für andere belastend ist und wiederum für ganz andere Menschen vorurteilsbedingt einfach ein Haus für reiche und gierige Menschen darstellt. Dennoch glaube ich, dass jeder, unabhängig davon, ob man jüdisch ist oder nicht, etwas Spirituelles bzw. Magisches an diesem Ort empfindet. Deshalb sind die meisten Menschen an diesem Ort harmonischer und besonnener als sonst. Natürlich gibt es auch hier Unterschiede, abhängig von den verschiedenen Tagen und Festen, die gefeiert werden. Dadurch ergeben sich wiederum kleine Abweichungen.

Lebendiges Museum

Sultan

Beschreibe uns den Ort auf dem Foto:

Auf dem Foto ist ein Waldweg zu sehen, genauer gesagt die Dölauer Heide[1]. Auf 260 Hektar faszinierte die Dölauer Heide im Januar 2021 mit ihren vielen Spaziermöglichkeiten im Schnee und ihren Bäumen, die von einem weißen, leicht schimmernden Schleier umhüllt wurden, seine Besucher.

Weshalb ist die Dölauer Heide für dich wichtig?

Ein spiritueller Ort ist für mich einer, an dem ich in mich kehren, nachdenken und von weltlichen Geschehnissen abschalten kann. Es ist für mich nicht unbedingt ein Ort, der an ein Gebäude gebunden sein muss. Die Natur ist daher für mich die perfekte, spirituelle Anlaufstelle. Im Türkischen existiert das Wort „Tefekkür", das oftmals mit einfachem „Nachdenken" übersetzt wird. Hierbei handelt es sich aber explizit um ein reflektiertes Denken, ein tiefes Denken über spirituelle und moralische Fragen. Bei einem Spaziergang im Wald durch die Dölauer Heide führe ich oft „Tefekkür-Sitzungen" in meiner Seele durch. Es ist ruhig, man hört das Knirschen des Schnees und Vogelgezwitscher. Ich schaue mich um. Ruhe kehrt in meine Seele ein. Ich erkenne, dass die Erde in perfekter Weise erschaffen wurde, für so ein winziges Wesen wie den Menschen. Dankbarkeit kehrt ebenso ein. Ich fühle mich als Mensch so sehr wertgeschätzt von meinem Schöpfer, der diese Erde in seiner Vollkommenheit für den Menschen erschuf. Außer-

---

[1] Die Dölauer Heide liegt westlich von Halle (Saale).

dem erkenne ich, dass Parallelen zwischen mir und meiner Umgebung in der Natur bestehen. Die Bäume im Winter, ohne ihre Blätter, erinnern mich an mein Nervensystem. An das menschliche Nervensystem, das essenziell für die Funktionsfähigkeit meines Körpers ist. Genauso wie der Stamm und die Äste essenziell für den Baum sind. Mein durch die Natur inspiriertes Nachdenken über die Schönheit der Schöpfung stärkt die Verbindung zu meinem Schöpfer.

Welche Erinnerungen verknüpfst du mit der Dölauer Heide?

Im Februar 2021 stand eine wichtige Prüfungsphase in meinem Studium an. Wohl die wichtigste. Der Stress hatte meinen ganzen Körper umzingelt. Daher suchte ich Zuflucht in der Natur, um erneut Gelassenheit und Ruhe zu erlangen. Indem ich im Wald spazierte, konnte ich den Stress hinter mir lassen und ihn besser verarbeiten. Die spirituelle Erfüllung gab mir Halt und Kraft. Die Natur ist außerdem ein „lebendiges Museum" für mich. Sobald ich spirituelle Inspiration suche, begebe ich mich in die Natur, um „Meisterwerke" betrachten zu können. Denn unsere grünen Nachbarn sind einzigartig und erscheinen in schönster Weise.

Wie reagieren (die meisten/andere) Menschen auf die Dölauer Heide?

Für die meisten Menschen ist die Natur ein Zufluchtsort. Sei es zum Sport, das Treffen von Freunden oder eben auch solchen „Tefekkür-Sitzungen". Die Natur bietet vielen Menschen die Möglichkeit, sich ortsunabhängig, sowohl seelisch als auch körperlich zu regenerieren. Außerdem haben viele Menschen auch eine starke Sensibilität dafür, die Natur zu schützen. Denn verschiedene Ereignisse zeigen uns nämlich, dass Gefahren real sein können, wie zum Beispiel Waldbrände es uns deutlich machen. Vielen ist bewusst, was bereits ein einziger Baum oder eine Biene für den Menschen zu bedeuten hat. Sie sind essenziell für das menschliche Leben und stehen daher mit unter der Obhut des Menschen.

BLUB – Bibel lesen und bequatschen

Elsa

Beschreibe uns den Ort auf dem Foto:

Der Ort, den ich ausgesucht habe, ist das Gemeindehaus der Friedenskirche in Radebeul. Diese kleine Stadt liegt bei Dresden in Sachsen und ist der Ort, an dem ich aufgewachsen bin. Man tritt durch ein von Efeu umranktes Tor in einer Feldsteinmauer und steht im Kirchhof. Wenn man die Treppe im Gemeindehaus hinaufgeht, kommt man in einen Raum, durch den man auf eine Dachterrasse nach draußen treten kann. Von dort aus blickt man in die eine Richtung auf Streuobstwiesen, auf denen Kühe und Schafe weiden und wo Menschen ihre Hunde spazieren führen. Auf der anderen Seite sieht man den gigantisch erscheinenden Kirchturm der Friedenskirche mit dem ehemaligen Friedhof dahinter aufragen. An Sommerabenden habe ich mich mit meinen Freundinnen dort oben auf der Terrasse getroffen, um über unseren Tag zu erzählen, Texte zu lesen, darüber zu diskutieren und Erkenntnisse zu gewinnen.

Welche Erinnerungen hast du an das Gemeindehaus?

Die Veranstaltung, die auf dieser Dachterrasse stattfand, heißt BLUB, kurz für „Bibel lesen und bequatschen". Initiiert durch den Gemeindepädagogen trafen wir uns dort einmal in der Woche und redeten über Gott und die Welt. Dabei berührten wir die Fragen, wie wir uns Gott und die ihm zugeschriebenen Attribute vorstellen können, wie alles in der Welt miteinander zusammenhängt und wie wir unseren eigenen Platz darin sehen.

Über solche Dinge sprachen wir jede Woche anhand eines anderen Bibeltextes. Dadurch bekamen wir mit den Jahren einen beachtlichen Überblick über die verschiedenen Bücher der Bibel, ihre Texte, ihre Autoren und die Hintergründe ihrer Entstehung. Außerdem lernten wir daran auch ganz verschiedene Perspektiven auf Gott und Glauben kennen. In der Bibel finden sich Texte aus einer Zeitspanne von ca. 1000 Jahren und vielen verschiedenen Orten wie Mesopotamien, Griechenland und dem Iran. Dadurch haben die einzelnen Texte auch sehr verschiedene Sichtweisen. Viele Textstellen setzten sich mit gesellschaftlichen Problemen auseinander, die heute wieder aktuell sind, wie Migration, Exil, Fremdenfeindlichkeit, Toleranz, Korruption oder die Sorge der älteren Generation um den Werteverfall bei den Jüngeren. Andere Texte handelten von moralischen Fragen oder der individuellen Verbindung der Hauptfigur zu einer göttlichen Instanz beziehungsweise dem Zweifeln daran.

Weshalb ist das Gemeindehaus wichtig für dich?

Für mich war das Wertvolle an diesem Ort und den damit verbundenen Treffen, dass ich kritisch über meine christliche Religion nachdenken durfte. In vielen Lebensbereichen tun sich für mich Widersprüche auf zwischen dem, wie ich mir gutes und sinnvolles Verhalten vorstelle und was einige traditionell christliche Auslegungen der Bibel von mir verlangen würden. Durch die BLUB-Treffen konnte ich verstehen, dass gläubig zu sein nicht heißen muss, dogmatisch Glaubenssätze zu wiederholen, die für einen keinen Sinn ergeben, die man nicht versteht und deren Bedeutung man noch nicht einmal hinterfragen darf. Stattdessen erkannte ich, dass man sich damit auseinandersetzen kann, wie man sich die Zusammenhänge in der Welt vorstellt, welchen Platz Gott darin einnimmt, wie man sich selbst in diesem großen Zusammenhang sieht, und dass es eine ausgesprochen wertvolle und bereichernde Sache ist, mit anderen Menschen darüber in Austausch zu kommen.

Wie reagieren (die meisten/andere) Menschen auf das Gemeindehaus?

Wie sich dieser Ort für andere Menschen anfühlt, kann ich nur mutmaßen. Als Gemeindehaus ist es ein zentraler Punkt für das Gemeindeleben, wo Dinge geplant, Treffen abgehalten und Feste gefeiert werden. Manche verbinden den Ort mit schöner Musik, andere mit anstrengenden Planungstreffen, wieder andere wie ich mit Jugendtreffen und Konfirmandennachmittagen. Aber obwohl jeder Mensch, der in Radebeul wohnt, eine eigene Verbindung zu diesem Gemeindehaus hat, ist es doch für alle ein Ort der Gemeinschaft, an dem alle gemeinsam das soziale Leben der Gemeinde gestalten.

Herausgeforderte Identitäten. Gläubig, demokratisch, engagiert

Igor Matviyets, Azim Semizoğlu und Mara Klein im Gespräch mit Jana Hensel

Religiöse Pluralität in einer mehrheitlich konfessionslosen Region: Igor Matviyets, Azim Semizoğlu und Mara Klein sprechen über ihr Verhältnis zu Ostdeutschland. Eine Diskussion über gesellschaftlichen Zusammenhalt, die Verbundenheit zu einem Gebiet mit einer religiösen Strukturschwäche und einer alarmierenden antidemokratischen Kontinuität. Ein Gespräch über Gemeinsamkeiten und Differenzen eines Juden, eines Muslims und eines:er Katholiken:in.

Jana Hensel: Lieber Igor Matyivets, Sie sind in der Ukraine geboren, im Saarland aufgewachsen und leben heute in Halle an der Saale. Dort sind Sie auch Mitglied der jüdischen Gemeinde. In Halle kam es im Jahr 2019 an Jom Kippur zu einem Anschlag auf die Synagoge. Hat dieser Anschlag, der zwei Todesopfer forderte und zu den erschütterndsten Gewaltakten der Nachwendezeit zählt, Ihr Leben verändert?

Igor Matviyets: Natürlich. Ich selbst war an diesem Tag nicht in der Synagoge. Mein Verhältnis zur Gemeinde ähnelt dem eines Christen, der Kirchensteuer zahlt, aber nur an Weihnachten in die Kirche geht. Aber ich wusste, dass bis zu jenem 9. Oktober 2019 die Sicherheit rund um die Synagoge unzureichend war. Nur ehrenamtlich und ohne Polizeischutz – obwohl es in Halle schon seit langem eine aktive rechtsextreme Szene gibt. Ich wusste also, dass es eine latente Gefährdung gab, aber dieses Ausmaß an Gewalt hat mich dennoch sehr erschüttert. Es hat mein Verhältnis zur Stadt verändert. Seither beschäftigen wir uns viel mit den Feindbildern von Rechtsextremen, fragen nach dem Stellenwert der Sicherheit von Glaubensrichtungen, aber fragen auch, wie die Politik mit solchen Fragen umgeht – oder eben nicht. All das prägt mein Leben seither. Leider.

Das Attentat hat mein Verhältnis zur Stadt verändert.

Hensel: Liebe:r Mara Klein, Sie haben damals in Halle studiert. Welche Erinnerungen haben Sie an diesen Tag?

Mara Klein: Sehr viele! Das war ein heftiger Tag. Und er hat die Stadt verändert, auch weil man an den Orten des Anschlags wie dem Kiezdöner, in dem ein nichtjüdischer Mensch ermordet wurde, ja ständig ist und immer daran erinnert wird, was dort passiert ist. Auch steht jetzt immer eine Polizeiwache an der Synagoge. Es gibt also eine ganz andere Aufmerksamkeit für das jüdische Leben in Halle. In meinem Freundeskreis ist das Thema von antisemitischer

Gewalt und antimuslimischem Rassismus viel größer geworden. Aber ich gebe auch zu, dass ich glaube, dass viele nicht verstanden haben, wie sehr die Tatmotive aus der Mentalität des Ortes kamen und wie stark der Täter mit den dortigen Netzwerken verwoben ist. Kurz nach dem Anschlag gab es übrigens einen ökumenischen Gottesdienst, bei der die Stadtkirche und der Marktplatz voller Menschen waren.[1]

Matviyets: Ja, das stimmt. Aber in der Marktkirche hängt trotzdem noch ein großes Bild, das die Vertreibung der Juden aus Halle zeigt.

> **Als ich 2011 nach Leipzig zog, hatte ich schon Angst, im Osten auf einem verstärkten Rassismus zu treffen.**

Klein: Martin Luther ist in Halle sehr präsent, obwohl er für seinen Antisemitismus[2] bekannt ist. Die Universität ist beispielsweise nach ihm benannt. Ich arbeite mittlerweile in Münster und pendele nach Halle. Hier in Münster wurde die Universität unbenannt. Auch in Leipzig heißt die Universität ja nicht mehr wie zu DDR-Zeiten nach Karl Marx. In Halle jedoch besteht man auf Luther.

Azim Semizoğlu: Ich war damals gerade in Köln, aber als ich von dem Anschlag hörte, war ich sofort höchst alarmiert. Ich wusste ja, dass die Stadt nicht weit von Leipzig, wo ich wohne, entfernt ist. Das war ein schmerzhafter Moment. Als ich 2011 nach Leipzig zog, hatte ich schon Angst, im Osten auf einen verstärkten Rassismus zu treffen. Dieser Tag fühlte sich also so an, als würde einem die Realität ordentlich auf die Fresse hauen.

---

1 Mara Klein bezieht sich auf die evangelische Marktkirche „Unser Lieben Frauen" in Halle (Saale).

2 Martin Luther ist für seine antijüdischen Traktate bekannt, in denen es unter anderem um die Ablehnung und Verdammnis der Juden und Jüdinnen geht. Obzwar bei Luther „gelegentlich auch ein nicht mehr theologisch begründeter Judenhaß auf[blitzt]" (Deppemann 1981: 125), unterscheidet sich sein Antijudaismus vom dem im 19. Jahrhundert entstehenden Antisemitismus.

Hensel: Lieber Azim Semizoğlu, Sie sind zum Studium von Hessen nach Leipzig gezogen. Wie haben eigentlich Ihre Eltern reagiert, als sie zum ersten Mal von Ihren Plänen erfuhren?

Igor Matviyets

Igor Matviyets ist Projektleiter beim Landesnetzwerk der Migrantenorganisationen Sachsen-Anhalt e. V. Darüber hinaus macht er Politik bei der SPD und veröffentlicht seine Einschätzungen und Haltungen regelmäßig auf Social Media und in der Jüdischen Allgemeinen.

Semizoğlu: Sie waren traurig und sehr skeptisch. Nicht nur, weil ich in den Osten wollte, sondern auch, weil Leipzig von Darmstadt weit weg ist. In deutsch-türkischen Familien ist es eher üblich, dass die Kinder in der Nähe bleiben. Alle meine Freunde aus Gastarbeiterfamilien sind in der Region geblieben. Sie fragten mich: Was willst du denn bei den Rechten? Diese Frage hat mich überrascht, weil wir vorher eigentlich nie über den Osten gesprochen hatten. Inzwischen aber haben meine Eltern verstanden, dass ich mich in Leipzig wohlfühle und heimisch geworden bin.

Matviyets: Ich bin aus Heidelberg nach Halle gezogen, aber weder für meine Eltern noch für mich war es damals ein großes Thema, dass ich in den Osten gehen würde. Vielleicht hängt das damit zusammen, dass meine Familie aus der Ukraine stammt. Mir erschienen die Vorbehalte zwischen Ost und West eine innerdeutsche Angelegenheit zu sein. Erst als ich im Büro des heutigen Bundestagsabgeordneten Karamba Diaby zu arbeiten begann und die Anfeindungen gegen ihn erleben musste, ist mir diese Realität klargeworden.

Hensel: Sie sind den umgekehrten Weg von Halle nach Münster gegangen, liebe:r Mara Klein. Haben Sie manchmal das Gefühl, Sie fehlen im Osten?

Klein: Mein Wegzug fühlt sich ein wenig nach Verrat an, ja. Denn im Ost-Erzgebirge, wo ich aufgewachsen bin, gibt es schon sehr lange eine Mentalität des Gehens. Und mich stört, dass mein Wegzug so aussehen könnte, als spürte ich für diesen Raum keine Verantwortung. Aber dem ist nicht so. Gerade weil es dort so viele Rechte gibt, bräuchte es eigentlich die Präsenz von Menschen, die anders denken. Ich habe Lehramt studiert, weil ich immer fand, dass es dort vor allem Lehrer:innen braucht, die ein anderes Weltbild vermitteln. Ich bin allerdings nicht ganz freiwillig gegangen, denn als nichtbinäre Person ist es nicht ganz selbstverständlich, an einer Katholisch-Theologischen Fakultät zu arbeiten. In Münster ging das glücklicherweise. Ich will jedoch in den Osten zurück. Mir ist im Westen klargeworden, wie wichtig mir meine Nachwende-Identität ist. Es stört mich, wenn Westdeutsche so tun, als gäbe es keine Unterschiede mehr. Dass sie kaum Verständnis dafür aufbringen, dass ich auf den Unterschieden zwischen Ost und West beharre.

> **Diese Pfarrerin ist wieder weggegangen, weil sie auf gesellschaftliche Widerstände stieß.**

Matviyets: Ich trauere auch jedem hinterher, der Halle verlässt. Ich kann so viele Verlustgeschichten erzählen. Es gibt zum Beispiel in Halle ein Neubaugebiet, die Silberhöhe, wo Rechtsextreme sehr präsent sind. Dort gab es einmal eine junge Pfarrerin, die Kontakt mit uns aufnahm, weil sie sich zivilgesellschaftlich engagieren wollte. Wir waren froh, in dem Stadtteil endlich eine Ansprechpartnerin zu haben. Aber diese Pfarrerin ist wieder weggegangen, weil sie auf gesellschaftliche Widerstände stieß und in der Gemeinde auch diese Widerstände spürte. Daran kann man sehen, wie viel einzelne Menschen bewirken können – und wie sehr sie fehlen, wenn es sie nicht gibt.

Hensel: Diese Menschen riskieren sicher auch viel.

Matviyets: Natürlich begibt man sich in Gefahr und ist einem ständigen Rechtfertigungsdruck ausgesetzt. Auch in den Familien. Meine Eltern schütteln den Kopf, wenn ich ihnen sage, dass ich in der Öffentlichkeit über das Judentum spreche oder auf einer Demo eine Rede halte. Sie freuen sich, dass ich mich sozial engagiere, aber sie haben auch Ängste.

Hensel: Leipzig ist eine Stadt, die entgegen dem ostdeutschen Trend seit einigen Jahren wieder wächst.[3] Dennoch haben Sie, Herr Semizoğlu, eine ähnliche Erfahrung gemacht. Als Sie nach Leipzig kamen, gab es kaum migrantische und postmigrantische Strukturen. Deshalb haben Sie den Verein „Haus der sozialen Vielfalt" gegründet. Einen Verein, der sich vor allem um Kinder und Jugendliche kümmert.

Semizoğlu: Anfangs fühlte ich mich in Leipzig ziemlich allein. Es war so, als hätte ein Teil von mir, also die Herkunft meiner Familie aus der Türkei und meine Religion, hier weder einen Ort noch einen Raum. Zu Hause gab es einerseits das Elternhaus, in dem der Glaube selbstverständlich gelebt wurde, aber es gab auch die Gemeinden. In den größeren Städten Westdeutschlands hat jede Community ihre eigene Gemeinde, die gleichzeitig auch kulturelle Orte sind. In unserer Gemeinde in Darmstadt gab es natürlich einen Raum für uns Jugendliche, wo wir uns treffen konnten und alles andere, nur nicht gebetet haben.

Dort können sie über Themen reden, über die sie zu Hause nicht reden können.

---

3   Auch andere Orte in Ostdeutschland wachsen. Beispielsweise steigen die Einwohner:innenzahlen von Dresden und Rostock in den letzten Jahren.

Hensel: Damit beschreiben Sie die individuelle Ebene.

Semizoğlu: Keineswegs, denn dadurch fehlen auch die Strukturen auf zivilgesellschaftlicher und politischer Ebene. Das habe ich vor allem nach 2015 gemerkt. Da wurde eine Stadt wie Leipzig zum ersten Mal mit der breiten Anwesenheit von Muslim:innen konfrontiert und gleichzeitig wurde der Rechtsruck in Teilen der ostdeutschen Gesellschaft immer sichtbarer. Damals habe ich gemeinsam mit Freund:innen das „Haus der sozialen Vielfalt" gegründet, um Jugendlichen genau den Raum zu geben, den ich in Leipzig nicht vorfand. Dort können sie über Themen reden, über die sie zu Hause nicht reden können.

Hensel: Kommt Ihnen das, liebe:r Mara Klein, bekannt vor? Sie sind im Erzgebirge als Katholik:in ja auch in einer Minderheit groß geworden.

Klein: Ja und nein. Wir waren zwar auch nur wenige, aber das Christentum hat einen völlig anderen gesellschaftlichen Status. Auch wenn ich als Katholik:in oft komisch angeschaut wurde, nimmt das Christentum doch die privilegierteste Stellung unter allen Religionen ein. Niemand stört sich an einer Kirche in der Mitte der Stadt, auch wenn die wenigsten wissen, ob es eine evangelische oder katholische Kirche ist. Ich finde es immer noch äußerst bemerkenswert, dass sich die Rechtspopulisten von Pegida gegen die vermeintliche Islamisierung des christlichen Abendlandes positioniert haben – obwohl es sich dabei doch hauptsächlich um areligiöse Menschen aus einer areligiös geprägten Region handelte.

> **Noch nie zuvor in meinem Leben bin ich einer so großen Menschengruppe begegnet, von der so viel Hass ausging.**

Matviyets: Ich finde das nicht so überraschend. Das Christentum hat eben historisch eine privilegierte Stellung und so ist es doch beinahe folgerichtig, dass Konservative oder rechte Menschen ihr Publikum mit dieser Identitätssehnsucht anzusprechen

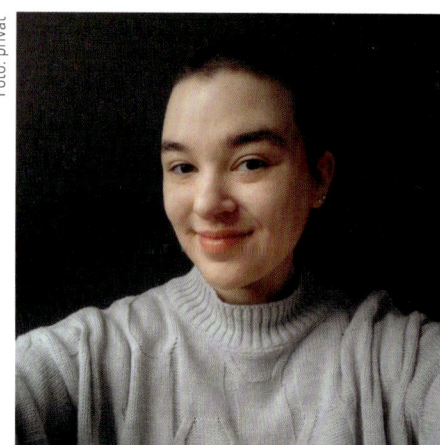

Foto: privat

Mara Klein

Mara Klein studierte Englisch und katholische Religion auf Lehramt in Halle. Derzeit arbeitet und promoviert er:sie am Institut für Christliche Sozialwissenschaften an der Universität Münster. Mara Klein ist Teil von #OutinChurch und war von 2020 bis 2023 Mitglied der „Synodalversammlung des Synodalen Wegs der katholischen Kirche in Deutschland".

versuchen. Mir fällt das immer bei dem Begriff des „christlich-jüdischen Abendlandes" auf. Der ist genauso absurd, weil er so tut, als hätte es nie einen christlichen Antijudaismus gegeben. Aber er findet Verwendung, weil man hofft, damit möglichst viele hinter sich versammeln und islamophobe Tendenzen kaschieren zu können.

Klein: Der Katholizismus kann gut genutzt werden, um Minderheiten zu diskreditieren. Das sage ich nicht nur, weil ich zur queeren Minderheit in der katholischen Kirche gehöre. Der Katholizismus ist offen misogyn, obwohl er das am Islam extrem kritisiert. Beim Protestantismus ist es nicht wirklich anders: In Sachsen beispielsweise ist eine kirchliche Eheschließung gleichgeschlechtlicher Paare nicht legal möglich. Das wissen viele gar nicht.[4]

Semizoğlu: Als ich Pegida im Herbst 2015 zum ersten Mal sah, habe ich gespürt, dass ich noch nie zuvor in meinem Leben einer so großen Menschengruppe begegnet bin, von der so viel Hass ausging. Das war sehr beängstigend. Und ich habe keine Sekunde

---

[4] Der Bundestag verabschiedete am 30. Juni 2017, dass die standesamtliche Ehe für homosexuelle Paare in Deutschland offen ist. In Sachsen gab es 2022 offiziell 404 gleichgeschlechtliche Eheschließungen (vgl. o. A. 2022). In der Katholischen Kirche gibt es weltweit keine offizielle Möglichkeit der gleichgeschlechtlichen Trauung oder Segnung. Eine Ehe ist nur zwischen Mann und Frau möglich (Deutsche Bischofskonferenz 1983, Can. 1055 CIC § 1). Im Gegensatz dazu steht es den einzelnen evangelischen Landeskirchen frei, gleichgeschlechtliche Paare zu segnen oder zu trauen. Die Sächsische Landeskirche entschloss sich in Rücksichtnahme auf die 2011 von konservativen Christinnen und Christen verabschiedete „Markersbacher Erklärung" dazu, dass homosexuelle Pfarrer und Pfarrerinnen weder Gemeinden führen noch im Pfarrhaus leben dürfen. „Mehr als ein Sechstel der sächsischen Gemeinden, weit über einhundert kirchliche Gemeinschaften und mehrere hundert Einzelpersonen schlossen sich dieser Forderung an" (Stange 2011).

daran geglaubt, dass es ihnen um das „christlich-jüdische Abendland" ging. Aber es reiht sich in ein Muster ein, nach dem das Christentum immer wieder gern dafür verwendet wird, um die muslimische Minderheit zu stigmatisieren. Umso erfreulicher war, dass so viele Leipziger gegen Legida auf die Straßen gegangen sind.

Klein: Das entspricht eins zu eins dem Luther-Narrativ: Er steht durch seine Bibelübersetzung für die deutsche Sprache und

> **In Halle gibt es keine koscheren Lebensmittelläden.**

das Deutschsein schlechthin, obwohl er sehr konservativ war, offen Frauenhass und Antisemitismus[5] propagiert hat. Luther hat Kriege und Klassenkämpfe ausgelöst. Ich halte ihn für problematisch und fand befremdend, wie selbstbewusst 2017 hier das Luther-Jahr begangen wurde, obwohl es in Sachsen-Anhalt nur noch weniger als 20 Prozent Christ:innen gibt.

Hensel: Wie stark prägt der Atheismus denn Ostdeutschland wirklich?

Semizoğlu: Ich hatte bisher nicht das Gefühl, dass mir der Atheismus hier das Leben schwermacht. Aber den Aufwand, den man als Muslim aufbringen muss, um seine Religion zu leben, ist sicher höher als im Westen.

Matviyets: In Halle gibt es keine koscheren Lebensmittelläden und keine Geschäfte, in denen man religiöse Güter wie Kippas oder Kerzen kaufen kann. Das erschwert natürlich das Leben von Menschen, die ihrem jüdischen Glauben stärker verbunden sind.

5 Siehe dazu die Ausführungen in Fußnote 2.

Klein: Für das Christentum gilt das nicht. Nach der Wiedervereinigung und durch die Übernahme des westdeutschen Systems ist die christliche Kirche hier trotz der wenigen Mitglieder gesellschaftlich stark verankert. Oder zumindest ist so meine Wahrnehmung: Das zeigt sich zum Beispiel an Feiertagen und in Stadtbildern – also Kirchen und ähnliche Bauten –, aber, wie ich finde, auch unter anderem darin, dass die CDU als Partei mit ausgeschrieben christlichen Werten viel gewählt wird. Und natürlich nicht zu vergessen sind die Sozialeinrichtungen, die oft in christlicher Trägerschaft sind.

> **Den Aufwand, den man als Muslim aufbringen muss, um seine Religion zu leben, ist sicher höher als im Westen.**

Matviyets: Ich würde eher sagen, die Präsenz ist überproportional groß. Nein, das Christentum hat hier keinen starken Rücken mehr, es tut nur noch so. Im Gegenzug sind die stark anwachsenden islamischen Gemeinden nicht ähnlich institutionell verankert. In Sachsen-Anhalt gibt es zwischen den Gemeinden und dem Land keinen Staatsvertrag. Moscheen haben damit den gleichen Status wie jeder andere Verein. Im Rundfunkrat gibt man ihnen beispielsweise keinen Platz. Und beim Thema islamischer Religionsunterricht hinken wir ebenfalls sehr hinterher. Wir werden sicher bald an einen Punkt kommen, an dem die drei Prozent Katholik:innen in Sachsen-Anhalt von Muslimen überholt werden. Aber was den Atheismus betrifft: Für mich besteht eine gewisse Gefahr darin, dass es im Osten viele Menschen gibt, die eine distanzierte Beziehung zu Religion haben. Sie verstehen nicht, dass man hier Probleme haben kann, seine Religion auszuüben. Das ist vergleichbar mit weißen Menschen, die sagen, sie würden keine Hautfarben sehen. Das führt zu Desinteresse und gibt denen Nährboden, die Menschen aufgrund ihrer Religion diskriminieren.

Klein: Im Osten herrscht bei vielen ein Bild von Religion als oppressiv, also als unterdrückend. Ich erlebe als queere Person, die sich im Synodalen Weg[6] engagiert hat und für mehr Minderheitenrechte in der katholischen Kirche einsetzt, oft, dass man mir entgegnet: Ja, was bist du denn überhaupt in der Kirche! Nach dem Motto: Selbst schuld. Igor Matviyets hat völlig recht: Der Einfluss der Kirche wird massiv unterschätzt. Die meisten Sozialeinrichtungen, auch im Osten, sind in kirchlicher Trägerschaft und nicht neutral. Da hängen viele Fragen dran, wie zum Beispiel die, ob in den Krankenhäusern Schwangerschaftsabbrüche vorgenommen werden können.

Foto: privat

Semizoğlu: Auch ich kann mich da nur anschließen. Die religiöse Infrastruktur für muslimisches Leben ist in Ostdeutschland nur rudimentär ausgeprägt. Das zieht sich durch alle Fragen – vom Beginn des Lebens bis zum Tod. Zudem wird der Alltag von muslimisch gelesenen Menschen durch antimuslimischen Rassismus erschwert, dessen Zustimmungswerte im Osten höher als im Westen sind. Aber ich bezweifle, dass das etwas mit dem Atheismus zu tun hat. Für mich hat es eher mit

Azim Semizoğlu

Azim Semizoğlu forscht als Rechtswissenschaftler an der Universität Leipzig auf dem Gebiet des Staats- und Verwaltungsrechts. Er ist Mitbegründer des Hauses der sozialen Vielfalt e. V. In dieser Funktion entwickelt er Projekte für die Stärkung des Miteinanders zwischen der Mehrheitsbevölkerung und der muslimisch-migrantischen Community.

> **Die religiöse Infrastruktur für muslimisches Leben ist in Ostdeutschland nur rudimentär ausgeprägt.**

6 Der Synodale Weg war ein von der deutschen Bischofskonferenz initiiertes Gesprächsforum innerhalb der römisch-katholischen Kirche. In vier Synodalforen wurde seit 2019 über Aspekte der Zukunft von Kirche gesprochen. Ziel war es, die Kirche in Deutschland auf „einen Weg der Umkehr und Erneuerung" zu führen. Im März 2023 endete der Synodale Weg und wurde in den Synodalen Ausschuss innerhalb des Zentralkomitees der deutschen Katholiken überführt (weiterführende Informationen unter: www.synodalerweg.de/was-ist-der-synodale-weg).

aktiv geschürten Ängsten durch Vorurteile und Ressentiments zu tun, die hier offenbar auf sehr fruchtbaren Boden stoßen.

Hensel: Dennoch, Sie alle leben und engagieren sich im Osten. Deshalb im letzten Teil die Frage: Wo liegen hier die Chancen? Was ist hier möglich, was in Westdeutschland vielleicht nicht möglich wäre?

Semizoğlu: Diese Frage ist wichtig, dennoch zögere ich ein wenig, sie zu beantworten. Natürlich ist es möglich, die durch Defizite entstandenen Leerstellen neu und anders zu füllen. Es gibt also Potenziale und Entwicklungsmöglichkeiten. Darauf gründet sich mein Engagement hier. Dabei lerne ich immer wieder großartige Menschen kennen. Die starke, humanistische Zivilgesellschaft, die es in Leipzig gibt, möchte ich nicht missen. Aber diese Beschreibung gerät eben an ihre Grenze, wenn sie zu einer romantischen, vielleicht sogar naiven Erzählung wird. Vieles beruht hier letztlich darauf, dass hier etwas fehlt. Im Osten fehlt die in den großen Einwanderungswellen entstandene Infrastruktur, wie sie im Westen durch die Gastarbeiter entstanden ist.[7] Das ist einfach so.

Vieles beruht hier letztlich darauf, dass hier etwas fehlt.

7   In den alten Bundesländern wurde seit 1961 und verstärkt in den 1970er-Jahren eine Infrastruktur für Muslimen von Muslimen aufgebaut. Kontext dessen war die Arbeitsmigration seit 1955, die unter dem Namen „Anwerbeabkommen" bis zum Stopp des Abkommens 1973 stattfand. Abkommen wurden mit Italien, Spanien, Türkei, Marokko und Portugal geschlossen. 14 Millionen Menschen kamen zum Arbeiten nach Westdeutschland. Unter den türkischen und marokkanischen Zuwanderern waren die meisten Musliminnen und Muslime – hinzu kam die Migration aus unterschiedlichen Ländern des Nahen und Mittleren Ostens. In den 1970er-Jahren erfolgte die Familienzusammenführung, wodurch sich muslimische Gemeinschaften bildeten, da sie nun ihren Lebensschwerpunkt nach Deutschland verlegten. Vor allem die türkische Community baute eine eigene Infrastruktur mit Vereinen, Geschäften und Unternehmen auf. Dazu gehörte auch der Aufbau von Moscheen bzw. die Gründung religiöser Vereinigungen. Auch in die DDR kamen Muslime, vor allem im Kontext von Studienaufenthalten. Ihre gesellschaftliche Integration war unerwünscht und wurde aktiv unterbunden. Mit der Wiedervereinigung liefen ihre Aufenthaltsgenehmigungen aus (bpb 2020; Plitt 2018; Reichmuth 2018).

Matviyets: Man kann hier wirklich viel gestalten. Heidelberg ist mir im Vergleich zu Halle immer als eine fertige Stadt erschienen, die mich, ehrlich gesagt, nicht brauchte. Dort sitzt man oft an Entscheidungspositionen, wenn man aus der ‚richtigen' Familie kommt. In Halle dagegen war es nie wichtig, wer meine Eltern sind, sondern es war wichtig, ob ich Lust hatte, mitzugestalten. Ich wurde oft mit Kusshand empfangen, gefragt und gehört. Wir leben in wichtigen Zeiten. Nächstes Jahr bei den Landtagswahlen entscheidet es sich, ob die AfD in Regierungsverantwortung kommt.

Hensel: Wie meinen Sie das?

Matviyets: Da stellt sich die Frage, was machen westdeutsche Stiftungen, wenn die zivilgesellschaftlichen Vereine hier nicht länger vom Land finanziert werden? Springen die dann ein? Oder ducken sie sich weg? Gibt es einen Aufstand der Anständigen vorm Brandenburg Tor, am Ende aber sehen wir die Leute doch erst in fünf Jahren vor den nächsten Wahlen hier wieder? Ich kann von mir nur sagen: Ich bin schon da. Ich habe hier schon viel Zeit investiert. Im Pass meines Kindes steht Halle an der Saale. Das prägt einen natürlich. Da will man die Gesellschaft noch mehr in die richtige Richtung treiben.

Klein: Ich bin natürlich geprägt von der Tatsache, im Osten in die Schule gegangen zu sein. Viele Lehrer:innen haben versucht, uns

Jana Hensel

Jana Hensel ist Autorin bei ZEIT ONLINE und DIE ZEIT sowie Verfasserin zahlreicher Sachbücher und eines Romans. Gemeinsam mit Naika Foroutan ist sie Autorin des Buches „Die Gesellschaft der Anderen" (2020), mit Wolfgang Engler des Bandes „Wer wir sind. Die Erfahrung, ostdeutsch zu sein" (2018), 2017 erschien ihr Roman „Keinland". 2019 wurde sie in der Kategorie Kultur zur „Journalistin des Jahres" gewählt. In ihrem viel beachteten Bestseller „Zonenkinder" (2002) beschreibt sie, wie sie als 13-jähriger Teenager den Umbruch 1989 in Leipzig wahrgenommen und erlebt hat.

kritisches Denken beizubringen. Auch als Pegida entstand, war das ein großes Thema an unserem Gymnasium. Das war ein großes Glück für mich. Aber ich erlebe immer wieder, dass gerade an die ländlichen Räume im Osten nicht geglaubt wird. Gerade deshalb hat der katholische Religionsunterricht da ein enormes Potenzial, obwohl er so prekär ist. Aber wo, wenn nicht dort, kann man die wichtigen gesellschaftspolitischen Fragen aus einer ethischen Perspektive besprechen. Außerdem wird sich ganz Deutschland, wenn die Kirchenaustrittszahlen so hoch bleiben, an die ostdeutsche Realität angleichen – und nicht umgedreht. Neue Modelle werden bald überall nötig sein.

Als Pegida entstand, war das ein großes Thema an unserem Gymnasium.

Hensel: An welche neuen Modelle denken Sie dabei?

Klein: Wir arbeiten im Osten schon lange mit vakanten Gemeinden, in denen nicht mehr alles auf den Priester ausgerichtet ist. Oder nehmen Sie die sogenannten Lebenswendefeiern. Dieser Initiationsritus ins Erwachsenenalter ist beispielsweise ein Angebot des Bistums Magdeburg für Menschen, die weder Jugendweihe machen wollen noch konfessionell gebunden sind und deswegen nicht an einer Firmung teilnehmen können. In Sachsen-Anhalt haben sich die Gemeinden mit solchen Angeboten der Gesellschaft geöffnet, anstatt nur noch auf die Wenigen zu warten, die Konfirmation oder Firmung machen wollen. Trotzdem finden diese Feiern in einer Kirche statt. So stelle ich mir Religion vor. Wir müssen auf die Bedürfnisse der Gesellschaft reagieren, anstatt die Räume zu monopolisieren. Und das geht viel besser, wenn die Gesellschaft nicht die Kirche ist, sondern die Religion sie ergänzt.

Hensel: Noch eine allerletzte Frage: an welche drei Begriffe denken Sie, wenn Sie das Wort Ostdeutschland hören?

Semizoğlu: Leipzig. Das ist der Ort, an dem ich leben möchte. Nachholbedarf. Es gibt noch sehr viel zu tun und vielleicht gelingt es uns, Dinge besser als im Westen zu machen. Irgendwie Heimat.

Matviyets: Unterschätzt. Hungrig. Gefährlich. Und natürlich Heimat. Ich muss in meinem Dönerladen nicht mehr sagen, was ich bestellen möchte. Aber ich weiß auch, wo ich Schutz bekomme.

Klein: Heimat. Der Osten bleibt der Ort, an dem ich aufgewachsen bin. Menschen. Ich habe das Gefühl, das wird oft unterschätzt. Auch über Rechtsextreme reden wir in der Regel viel zu wenig als Menschen. Ich denke, wir würden davon profitieren, wenn wir diesen Aspekt wichtiger nähmen. Schmerz. Einmal aus Angst vor der Zukunft, aber auch, weil ich weiß, dass eine ostdeutsche Herkunft häufig noch stigmatisiert wird. Würde ich sächseln, würde ich sicherlich viel negativer wahrgenommen werden.

> **Würde ich sächseln, würde ich sicherlich viel negativer wahrgenommen werden.**

Das Gespräch wurde am 23. Juni 2023 digital geführt. Die hier zu lesende Fassung ist eine gekürzte und paraphrasierte Version des Interviews.

Literaturverzeichnis

Deppermann, Klaus (1981): Judenhaß und Judenfreundschaft im frühen Protestantismus. In: Martin, Bernd; Schulin, Ernst (Hrsg.): Die Juden als Minderheit in der Geschichte. München: dtv. S. 110–130

Deutsche Bischofskonferenz (1983): Codex iuris canonici – Codex des kanonischen Rechtes. Lateinisch-deutsche Ausgabe mit Sachverzeichnis im Auftrag der Deutschen Bischofskonferenz, der Österreichischen Bischofskonferenz, der Schweizer Bischofskonferenz, der Erzbischöfe von Luxemburg und von Straßburg sowie der Bischöfe von Bozen-Brixen, von Lüttich und Metz. Kevelaer: Butzon & Bercker

o. A. (2022): Eheschließungen, Ehescheidungen. Eckdaten für Sachsen. URL unter: www.statistik.sachsen.de/html/eheschliessungen-ehescheidungen.html (zuletzt: 19.07.2023)

bpb – Bundeszentrale für politische Bildung (2020): Erstes Anwerbeabkommen vor 65 Jahren. In: Bundeszentrale für politische Bildung. URL unter: www.bpb.de/kurz-knapp/hintergrund-aktuell/324552/erstes-anwerbeabkommen-vor-65-jahren/ (zuletzt: 27.06.2023)

Plitt, Mike (2018): Historische Einführung: DDR, Antifaschismus, Vertragsarbeiter*innen und Wende. In: Bürgerstiftung Barnim (Hrsg.): Rassismus ist kein Randproblem. Materialien für pädagogische Fachkräfte zum Thema Rassismus vor und nach 1989 in Ostdeutschland am Beispiel der Ermordung Amadeu Antonios. o. V. S. 20–23. URL unter: www.amadeu-antonio-stiftung.de/wp-content/uploads/2019/05/Comic-Handreichung_Rassismus_ist_kein_Randproblem.pdf (zuletzt: 04.09.2023)

Reichmuth, Stefan ([6]2018): Deutschland. In: Elger, Ralf; Friederike Stolleis (Hrsg.): Kleines Islam-Lexikon. Geschichte – Alltag – Kultur. München: dtv. URL unter: www.bpb.de/kurz-knapp/lexika/islam-lexikon/21376/deutschland/ (zuletzt: 26.07.2023)

Stange, Jennifer (2014): Evangelikale in Sachsen. Ein Bericht. In: Weiterdenken – Heinrich-Böll-Stiftung Sachsen. URL unter: www.weiterdenken.de/sites/default/files/evangelikale_download_2014-08-19.pdf (zuletzt: 19.07.2023)

Junge jüdische Lebensrealitäten in Ostdeutschland heute

Dr. Olaf Glöckner

Sprechen wir heute vom „Osten" bzw. den „neuen" Bundesländern, so geht es um den Teil Deutschlands, der sich 30 Jahre lang sehr dynamisch entwickelt hat, aber noch immer mit den Spätfolgen der zweiten deutschen Diktatur, der staatssozialistischen DDR, ringt. Hier, wo 40 Jahre lang das Experiment des Arbeiter- und Bauernstaates stattgefunden hatte, kam es vor allem während der 1990er-Jahre zu einer bemerkenswerten Modernisierung, gleichzeitig aber auch zu schmerzhaften Transformations- und Neuorientierungsprozessen, die die Bevölkerung sehr unterschiedlich verarbeitete. Während beispielsweise viele junge Menschen auf der Suche nach guten Jobs und einer bestmöglichen Selbstverwirklichung dem „Osten" bald nach Ende der DDR den Rücken kehrten, blieben die Älteren nicht selten zwischen gedämpfter Hoffnung und Ernüchterung zurück. Zum Gesamtbild der Entwicklungen gehört aber auch, dass im Zuge wirtschaftlicher, wissenschaftlicher und künstlerischer Modernisierung viele Menschen mit „West-Biografie" im Osten heimisch geworden sind, ebenso wie Migrant*innen unterschiedlichster Herkunft, die es insgesamt eher in große und mittelgroße Städte zog.

Vornehmlich (postsowjetische) Migrant*innen waren es auch, die während der 1990er-Jahre dafür sorgten, dass die acht lokalen jüdischen Gemeinden der einstigen DDR (Ostberlin, Leipzig, Karl-Marx-Stadt/Chemnitz, Dresden, Halle, Erfurt, Magdeburg und Schwerin) quasi „in letzter Minute" vor dem demografischen Zusammenbruch bewahrt blieben – eine fast wundersame Erfahrung, die viele jüdische Gemeinden in den alten Bundesländern in abgeschwächter Form übrigens teilten. In vielen jüdischen Gemeinden bilden die „Post-Sowjets" heute die demografische Mehrheit, bestimmen den Gemeindealltag bis hin zur Umgangssprache und prägen häufig auch das Vereins- und Kulturleben.

Dennoch: Im gesamtgesellschaftlichen ostdeutschen „Kosmos" bleiben die Anforderungen, sich erfolgreich neu zu orientieren und gestärkte Identitäten zu entwickeln, für ethnokulturelle und ethnoreligiöse Minderheiten besonders hoch, unter anderem weil sich Toleranz und Akzeptanz bei Teilen der hiesigen einheimischen Bevölkerung noch immer nur schleppend entwickeln. So bilden beispielsweise belehrende Bemerkungen an der Bushaltestelle, im öffentlichen Raum „doch bitte endlich Deutsch zu sprechen", noch immer keine Seltenheit.

Viele der nach Deutschland emigrierten, ehemals sowjetischen Jüdinnen und Juden wussten und wissen die hiesigen Freiheiten, sozialen und rechtlichen Sicherheiten wie auch die vorhandenen Möglichkeiten der beruflichen und individuellen Selbstverwirklichung sehr zu schätzen. Andererseits haben sie „Integration in Deutschland" auch nie als eine „Einbahnstraße" verstehen wollen – weder in der breiten Gesellschaft als solcher noch in den lokalen jüdischen Gemeinden. In der Tat brauchen sie sich im neuen Umfeld nicht zu verstecken. Ihr hoher Anteil an akademisch ausgebildeten Frauen und Männern (zu Beginn der Immigration bei ca. 70 %) scheint sich in der nachfolgenden jüngeren Generation auf keinen Fall zu verringern. Das hohe Bildungs- und das künstlerische Ideal setzen sich in den Familien scheinbar nahtlos fort, während die „äußeren" Lebensbedingungen nicht gerade die leichtesten waren und sind. Plastisch und ergreifend hat dies beispielsweise der in

Kiew geborene junge Schriftsteller Dmitrij Kapitelman beschrieben. Er wuchs als Teenager während der berühmt-berüchtigten „Baseballschläger-Jahre" in Leipzig auf – eine Erfahrung, die ihn für seinen weiteren Werdegang durchaus mitgeprägt hat (Kapitelman 2016).

Ob umgekehrt die besondere Sogwirkung der alten Bundesländer, die quasi alle Migranten-Gruppen im wiedervereinigten Deutschland kennen, sich noch auf die zweite Generation der jüdischen „Ex-Sowjets" auswirkt, scheint gegenwärtig unklar. Andererseits sind es genau diese hier geborenen und aufgewachsenen Kinder, die nun ebenso wie ihre Eltern das Gros der Mitglieder in den lokalen jüdischen Gemeinden ausmachen, auch und gerade im Osten.

Klar ist, dass die Kinder der einst in der Sowjetunion beheimateten jüdischen Immigranten deutlich weniger psychologischen Ballast mit sich herumschleppen als noch die Generation vor ihnen.[1] Und weil der ganz überwiegende Teil von ihnen nach dem Abitur ein Universitäts- oder Hochschulstudium aufnimmt, kommen nur wenige von ihnen mit den strukturellen und mentalen Konfliktlagen vieler „sonstiger" Ostdeutscher in Berührung. Es scheint alles andere als überraschend, dass viele von ihnen nach dem Studienabschluss besonders gute Jobangebote und -perspektiven in den alten Bundesländern suchen und finden. Aus Sicht der eher kleinen, relativ mitgliederschwachen jüdischen Gemeinden im Osten ist dies natürlich zu bedauern, da dies vor Ort einen weiteren – wenn auch objektiv verständlichen – Abstrom junger Menschen bedeutet.

Gleichwohl gibt es nicht wenige Jüdinnen und Juden, die bleiben. Wir können ebenso junge Jüdinnen und Juden treffen, die nach einer Kindheit und Jugend „im Westen" schließlich nach Ostdeutschland ziehen – sei es, um hier zu studieren, eine Arbeit auf-

---

1 Viele Jüdinnen und Juden aus der Sowjetunion beklagen noch heute die psychologischen Auswirkungen infolge staatlicher Bevormundung, ideologischer Indoktrination und offener wie verdeckter Repression von Seiten der Behörden. So konnte zu Sowjetzeiten selbst der (durch Informationsdienste beobachtete) Besuch einer Synagoge zu nachteiligen Folgen im Berufsleben – wie etwa der bewussten Behinderung von Karriere – führen. Angst und Misstrauen blieben fast bis zum Ende der Sowjetunion alltägliche Begleiter.

zunehmen oder zu heiraten. Sie lassen sich auf die neuen Lebensrealitäten vor Ort ein, geben vormalige Distanzen und Vorurteile häufig auf und werden Teil hiesiger soziokultureller Netzwerke, die in sich selbst wieder sehr heterogen und unterschiedlich ausfallen können.

Grundsätzlich tun sich im kollektiv-mentalen „Kosmos" in Ostdeutschland heute mindestens zwei unterschiedliche Lebenswelten auf, die sich von denen im Westen deutlich unterscheiden. Zum einen treffen wir auf Netzwerke und Milieus, die an frühere ostdeutsche „Nischen" vor allem im künstlerischen und teilweise auch im kirchlichen Bereich anknüpfen und die politische Bevormundung ebenso klar ablehnen wie ein rein marktwirtschaftlich funktionierendes System, in dem sich die Gesellschaft immer mehr atomisiert und anonymisiert. Anscheinend sind es diese Milieus und Kreise, vorrangig im (groß-)städtischen Raum, denen sich auch Immigranten der 1990er-Jahre aus Osteuropa (egal ob mit jüdischem oder nichtjüdischem Hintergrund) sehr verbunden fühlen. Mit den hiesigen Zeitgenoss*innen wurden einst „Ostblockerfahrungen" (Repression, Bevormundung, Mangelwirtschaft) geteilt, welche am Ende dann doch auch eine Art „Daffke-Mentalität", interne Solidarisierungen und einen speziellen Humor hervorrufen konnten. Für nachfolgende Generationen dürfte dies kaum noch eine Bedeutung haben und doch scheinen sich manche junge Menschen in besagten Gruppen und Netzwerken ebenfalls heimisch zu fühlen (siehe dazu auch untenstehende Interview-Zitate).

Eine zweite, ebenfalls spezifische Lebenswelt bilden Menschen, denen der ehemalige Ostbeauftragte der Bundesregierung, Ingo Wanderwitz, schon vor Jahren bescheinigte, „teilweise in einer Form diktatursozialisiert [zu sein], dass sie auch nach dreißig Jahren nicht in der Demokratie angekommen sind" (dpa 2021). Einmal abgesehen von der Sinnhaftigkeit einer solchen öffentlichen Äußerung, deuten die Ergebnisse empirischer Untersuchungen tatsächlich auf ein deutlich höheres gesellschaftliches Frustpotenzial und eine stärkere Anfälligkeit für autoritäre Strukturen im Osten hin. Klarster Indikator sind die hohen Wählerstimmen für rechtspopulistische Parteien, allen voran für die „Alternative für Deutschland" (AfD). Menschen mit jüdischem Background, zumal mit ausgeprägtem politischen Sensorium, kommen um eine kritische Auseinandersetzung mit dieser Partei ebenfalls nicht herum, und dies wiederum aus verschiedenen Gründen: Einerseits belegen die Umfragen, dass die Wählerklientel der AfD deutlich stärkere Sympathien für Rechtsextremismus, Geschichtsrevisionismus und auch Antisemitismus pflegt als der Durchschnitt (Leemhuis 2021). Andererseits erhebt ausgerechnet die Spitze dieser Partei in der Öffentlichkeit den Anspruch, sie sei die einzige, welche sich wirklich um die Sicherheit der lokalen jüdischen Gemeinden und um eine uneingeschränkte Solidarität mit Israel kümmere.

Wie gehen junge Jüdinnen und Juden in Ostdeutschland mit diesen aktuellen Gegebenheiten – sowohl was die Umgebungsgesellschaft als auch die lokalen jüdischen Gemeinschaften und Netzwerke betrifft – um? Im Kontext dieser Fragen habe ich mit Jüdinnen und Juden in drei verschiedenen Bundesländern gesprochen, deren Herkunftsfamilien ihre Wurzeln durchweg in Osteuropa haben (Ukraine, Ungarn und Russland), die aber große Teile ihres bisherigen Lebens bereits in Ostdeutschland verbracht haben.[2] Die meisten von ihnen betrachten sich weniger als religiös jüdisch, sondern vielmehr als kulturell jüdisch. Alle leben jedoch in dem Bewusstsein, von ihren Eltern Werte, Einstellungen und auch Denkweisen vermittelt bekommen zu haben, die die eigene jüdische Haltung und Mentalität stark mitprägen. So berichtet Leonie, geboren in Odessa[3] und heute in einem Ostberliner Stadtteil zu Hause:

> Jüdisch-Sein ist Teil meiner Familiengeschichte und somit Teil meiner selbst. Durch meine Familie habe ich zwar wenig jüdische Religion mitbekommen. Jüdische Feste wurden bei uns aber wie fröhliche Zusammenkünfte gefeiert, kleinere Essensbräuche wurden eingehalten, jüdische Musik wurde

---

2 Mit einer Ausnahme wurden die Namen der Interviewpartner*innen für diesen Beitrag mit Pseudonym versehen.

3 Name und Geburtsort geändert.

gespielt. Ich habe aber immer auch vermittelt bekommen: „Sag niemanden, dass du jüdisch bist!" Erst meinem eher links geprägten und offenen Freundeskreis habe ich eröffnet, dass ich jüdisch bin, was sehr freundlich aufgenommen wurde, ohne daraus was Besonderes oder Exotisches zu machen oder es komplett zu ignorieren. Jüdische Religion ist mir nicht wichtig, auch kulturell bin ich sicherlich weit weg von anderen Jüd:innen, vermutlich bin ich den Deutschen sogar näher. Aber ich finde es gut, immer wieder eine Option zu haben, zur Community zu stoßen, wenn mir danach ist, auch wenn es manchmal nur bedeutet, Erfahrungen mit Gleichgesinnten zu machen, die sie ähnlich in ihrer Kindheit, Jugend etc. auch erlebt haben und die ähnlich geprägt sind.[4]

In Bezug auf die eigene Lebensrealität schätzt sie diese vergleichsweise illusionslos ein:

Ich finde schon, dass man im Osten als Jude sich durchaus auch als Ossi fühlt bzw. ja viel auch von der Umwelt mitbekommt und aufsaugt. Als jemand, der migriert ist, lebt man in ähnlich ärmlichen Verhältnissen, besitzt wenig bis kein Eigentum und hat keine Aussicht auf Erbe. In ähnlicher Weise droht den Eltern die Altersarmut, während die Großeltern schon in Altersarmut leben.[5]

Dennoch präferiert Leonie bis heute ein Leben im Osten:

Ich habe im Osten die Erfahrung gemacht, eher anhand des Migrationshintergrunds [und des Russisch-Sprechens, O. G.] diskriminiert worden zu sein, statt des Jüdisch-Seins, was ja nicht sichtbar ist. [...] Ob Jüd:innen in Westdeutschland die gleiche Erfahrung gemacht haben, weiß ich einfach nicht. Ich persönlich sehe allerdings für mich mehr Gemeinsam-

4   Interview mit Leonie in Berlin-Friedrichshain, 22. August 2023.

5   Ebenda.

keiten mit Ostdeutschen als mit Westdeutschen bzw. auch westdeutschen Jüd:innen.[6]

Leonie bekundet Respekt und Sympathie für jüdische Feste und Traditionen, sieht aber keine direkte Veranlassung, diese auch selbst zu feiern oder sich dezidiert jüdisch zu vernetzen. Aufgrund ihrer beruflichen Tätigkeit im soziokulturellen Bereich im Land Brandenburg lernt sie sehr unterschiedliche ethnokulturelle Gruppierungen kennen, steht ebenso auch in intensivem Kontakt zur einheimischen Welt, mit der sie sich inzwischen durchaus verbunden fühlt.

Auch Tanya, geboren in St. Petersburg[7] und während der späten 1990er-Jahre mit der Familie zunächst nach Halle übergesiedelt, sieht keinen Grund, sich „nach außen hin" als jüdisch zu zeigen oder sich jüdischen Einrichtungen proaktiv anzuschließen. Tanya verweist auf Freundschaften mit jüdischen Frauen und Männern, gleichwohl hat sie diese spontan beim Studium bzw. auf Arbeit kennengelernt und nicht über etablierte jüdische Organisationen. Schon seit ihrem Studium lebt Tanya in einem Vorort von Potsdam. Ihre jüdische Identität macht sie zumindest teilweise an der Geschichte ihrer Familie, aber auch an den Verfolgungs- und Widerstandserfahrungen vorheriger Generationen fest:

Ich glaube, es ist ein besonderer Blick auf die Geschichte, mit dem ich aufgewachsen bin. Und dafür bin ich dankbar. Ich glaube, das hat es mir einfacher gemacht, Recht von Unrecht zu unterscheiden. Dieses Jüdisch-Sein ist auch kulturell-historisch relevant: Gerade hier in Deutschland lebend war ich immer „anders" – auch wenn man es mir im Alltag weder ansieht noch hört: Ich komme nicht nur aus dem Land der Sieger über den Faschismus und Nationalsozialismus, sondern gehöre dort auch noch dem jüdischen Kulturkreis an, der eher säkular ist. Ich bin nicht stolz auf meine Herkunft, weil ich nichts dafür kann, aber diese Tatsache macht

6 Interview mit Leonie in Berlin-Friedrichshain, 22. August 2023.

7 Name und Geburtsort geändert.

für mich einiges einfacher, wie eben auch die Auseinandersetzung mit der Geschichte.[8]

Ähnlich wie Leonie hält auch Tanya es für vollkommen normal, dass die Mehrzahl ihrer Freund*innen – ebenso der jüdischen – Ostdeutsche sind, ohne dass sie darauf hingearbeitet habe:

> Im Moment kann ich nur sagen, wer in meinem Freundeskreis überwiegt, und das sind definitiv Menschen, die aus dem Osten stammen oder deren Eltern dort herkommen und die daher auch ähnlich sozialisiert sind. Das gilt dann auch für die Juden aus dem Freundeskreis. Anscheinend zieht sich das bei mir bis zum heutigen Tag durch, natürlich ohne dass ich es darauf angelegt hätte, nur „Ostfreunde" zu haben.[9]

Tanya arbeitet im wissenschaftlichen Bereich, verfolgt politische Entwicklungen zudem sehr intensiv und auch hier schließt sie nicht aus, dass die jüdische Sozialisation bzw. die jüdische Familiengeschichte einige zusätzliche Sensoren in ihr entwickelt haben:

> Ich glaube, dass Menschen, die aus einem verfolgten oder diskriminierten Kulturkreis kommen, einen besser funktionierenden inneren Kompass haben, was gesellschaftliche Veränderungen in dieser Hinsicht angeht. Oder auch persönliche Erfahrungen anders einordnen können, auch in Bezug auf andere Bevölkerungsgruppen. Natürlich ist das nicht immer der Fall, denn Juden können sich genauso gut pauschal diskriminierend verhalten.[10]

Befragt nach der Sorge um den gesellschaftlichen Zusammenhalt im Osten, reagiert Tanya mit einem Blick auf Gesamtdeutschland und eher diskurskritisch:

8   Interview mit Tanya in Potsdam, 24. August 2023.

9   Ebenda.

10 Ebenda.

Ich mache mir im Osten nicht mehr und nicht weniger Sorgen um den gesellschaftlichen Zusammenhalt als in der gesamten Bundesrepublik. Ehrlich gesagt, ärgert mich auch das ständige „Ost-Bashing", was man ja doch immer wieder aus den Medien mitbekommt. Als ob die Menschen im Osten nur Bürger zweiter Klasse wären, irgendwie fehlerhaft „per Werkseinstellung" aufgrund ihrer Herkunft. Vielleicht sollte sich die bundesdeutsche, West-dominierte Gesellschaft auch mal fragen, warum Menschen im Osten manche Dinge anders oder kritischer sehen. Könnte es sein, dass 40 Jahre DDR ihre Prägung hinterlassen haben, aber im konstruktiven Sinne von: Ich kann nicht alles unhinterfragt hinnehmen, nur weil es im Moment Trend ist oder die Politik das will …[11]

Gleich drei verschiedene Lebenshorizonte bringt Carolina[12] mit, deren Familie in den 1990er-Jahren von Budapest in eine mittelgroße Stadt nach Bayern zog, während sie selbst sich nach dem Abitur entschloss, für das eigene Studium nach Leipzig zu gehen. Carolina erschien als die mit Abstand aktivste Person im Kreise meiner Gesprächspartner*innen – aktiv sowohl in jüdischen Organisationen wie auch in regionalen Vereinen und Initiativen. Zur Entwicklung ihrer eigenen Identität stellte sie fest:

Die zwei wichtigsten Aspekte meiner jüdischen „Lebensführung" sind zum einen die Teilhabe an einer jüdischen Gemeinschaft und zum anderen die Übergabe von Werten und Traditionen an die nächste Generation. Auch meine Familie spielt eine sehr wichtige Rolle für mein Jüdisch-Sein. Sie kommt aus Ungarn und ein Teil von ihr ist jüdisch. Aus diesem Grund ist meine Prägung nicht nur deutsch, sondern auch ungarisch und jüdisch. […] In meiner Familie haben Bildung, Essen und die gemeinsame

---

11 Interview mit Tanya in Potsdam, 24. August 2023.

12 Name geändert.

Geschichte einen sehr hohen Stellenwert. Auch wenn religiöse Traditionen kaum weitergegeben wurden und es sich um eine sehr assimilierte Familie handelt, ist uns dennoch bewusst, dass wir Teil einer jüdischen Familie oder zumindest jüdischer Herkunft sind. Zur selben Zeit ist die Familie ziemlich ungarisch, auch wenn die Verwandtschaft zum Teil nicht mehr in Ungarn wohnt. Trotzdem fühle ich mich unter ungarischen Juden immer noch mehr zu Hause als anderswo.[13]

Carolina ist aktiv im Vorstand einer liberalen jüdischen Dachorganisation und daher nicht selten deutschlandweit unterwegs. Sie hält Vorträge zu liberalen Strömungen im Judentum, Israel, Tikkun Olam[14] und weiteren jüdischen Themen, beteiligt sich aktiv am Aufbau und der Konsolidierung lokaler jüdischer Gemeinschaften und schätzt die Arbeit des jüdischen Studienwerkes ELES. Für die Zukunft der jüdischen Gemeinschaft(en) in Ostdeutschland sieht sie große Chancen, aber verschließt auch nicht den Blick vor anstehenden objektiven Problemen:

> Ich wünsche mir als jüdischer „Wahl-Ossi" – so nennen mich meine Eltern abschätzig, da die den umgekehrten Weg von East nach West gegangen sind – für die jüdischen Gemeinden in Ostdeutschland natürlich eine schillernde Zukunft. Vor allem Städte wie Dresden, Leipzig und auch Chemnitz haben meines Erachtens ein riesiges Potenzial und ziehen auch immer mehr Juden von überall auf der Welt an. Doch die etablierten Gemeindestrukturen können den Bedarf meiner Ansicht nach nicht decken. […] Ich denke, dass es in Deutschland allgemein schwierig ist, außerhalb von Gemeindestrukturen als Jude zu leben, da das Judentum gemeinhin

---

13 Interview mit Carolina in Leipzig, 5. August 2023.

14 „Tikkun Olam" ist ein bereits in der frühen Periode des rabbinischen Judentums entstandenes ethisches Konzept, das jeden einzelnen jüdischen Menschen dazu auffordert, an der „Reparatur der Welt" teilzunehmen. Dem Konzept liegt die Vorstellung zugrunde, dass jeder Einzelne in der Lage sein kann, die Gesellschaft um sich herum ein Stück sozialer und gerechter zu gestalten. Auch nichtreligiöse jüdische Gruppierungen und Aktivisten greifen das Konzept gern auf.

als religiöse Konfession betrachtet wird. Dennoch ist ungefähr die Hälfte der ca. 200.000 in Deutschland lebenden Juden nicht in den jüdischen Gemeinden registriert.[15]

Ähnlich wie auch Leonie und Tanya macht sich Carolina in Anbetracht jüngerer Entwicklungen Sorgen um den gesellschaftlichen Zusammenhalt, betrachtet dies aber ebenfalls nicht als ein ostdeutsches Spezifikum:

> Hier [im Osten, O. G.] gibt es ohne Frage eigene gesellschaftliche Konflikte und mitunter eine große Wut gegenüber etablierten Parteien aufgrund zahlreicher Versäumnisse in der Vergangenheit […]. Dennoch halte ich den Osten Deutschlands keineswegs für einen besonderen Problemfall und auch in anderen Regionen Deutschlands lassen sich ähnliche Probleme im Zuge von De-Industrialisierung und Transformation beobachten. Meine größte Sorge ist vor allem die Erosion einer bürgerlichen Bekenntniskultur und die zunehmende Polarisierung innerhalb der Gesellschaft. Ich befürchte weniger einen gesamtgesellschaftlichen Rechtsruck als eine zunehmende Radikalisierung von politischen Positionen an den verschiedenen Rändern der Gesellschaft. Das Bedürfnis nach hermetisch abgeriegelten Gesinnungsgemeinschaften und einfachen Antworten ist keineswegs ein Problem von ausschließlich rechter Seite oder nur in den neuen Bundesländern unter „abgehängten Ossis" vorzufinden.[16]

Auch Sascha S., geboren in Taschkent, hat eine ähnliche „kleine Odyssee" durchlaufen wie Carolina. Seine Herkunftsfamilie entschloss sich in den 1990er-Jahren, auf der Basis der Kontingentflüchtlingsregelung, von Usbekistan nach Deutschland überzusiedeln. Während der Großteil der Familie dann in Lübeck sesshaft wurde, zog es Sascha zum Studium der Jüdischen Studien und der

15   Interview mit Carolina in Leipzig, 5. August 2023.

16   Ebenda.

Geschichte nach Potsdam. Nach dem Studium war er einige Jahre in Israel tätig. Zum Zeitpunkt des Interviews arbeitete er in Österreich, doch sein eigentlicher Bezugspunkt ist die brandenburgische Landeshauptstadt geblieben:

> Ich bin mit der Jüdischen Gemeinde Potsdam und den Menschen am ehemaligen Institut für Jüdische Studien verbunden. Und das bis heute, seit mehr als zehn Jahren. Freie Tage werden genutzt, um regelmäßig hierher zurückzukehren. Mental und kulturell wäre es für mich überhaupt kein Problem, hierher zurückzukehren.[17]

Wie die meisten anderen Interviewpartner*innen misst auch Sascha S. Grundsätzen jüdischer Tradition und, damit verbunden, bestimmten Werten des Zusammenlebens eine größere Bedeutung bei als religiöser Observanz. Gleichwohl seien ihm, wie er betont, „Gemeinschaftlichkeit der Feiertage und die damit verbundenen Riten" sehr wichtig.

Sascha S. und Carolina ließen explizit durchblicken, dass Israel in ihrem jüdischen Selbstverständnis ebenfalls einen wichtigen Platz besitzt. Sie reisen regelmäßig dorthin und verfolgen mit großer Aufmerksamkeit, wie sich das Land nach innen und nach außen entwickelt. Ebenso nehmen sie, wie viele andere und schon länger in Deutschland lebende junge Jüdinnen und Juden, wahr, dass vornehmlich junge Israelis während der letzten zwei Jahrzehnte in steigender Zahl nicht nur nach Berlin gekommen sind, sondern auch in andere Großstädte im Osten, etwa nach Leipzig und Dresden.

Informelle Kontakte mit den zugezogenen Israelis – viele von ihnen kommen mit Familie und wollen länger in Deutschland bleiben – entstehen spontan und problemlos. Ob und inwiefern die Israelis auch ein Interesse entwickeln, sich lokalen jüdischen Netzwerken einschließlich der ostdeutschen Gemeinden anzuschließen und dort eigene Ideen und Potenziale einzubringen, ist augenblicklich noch schwer einzuschätzen. Hierbei kann es aber auch zu

---

17 Interview mit Sascha S. in Potsdam, 22. Dezember 2022.

großen Überraschungen kommen, wie etwa die jüngsten Entwicklungen in Dresden zeigen. Ähnlich wie in Berlin, wo nicht wenige Israelis zumindest an Feiertagen und zu verschiedenen Festen im Bildungs- und Familienzentrum von Chabad-Lubawitsch „vorbeischauen", ist auch das Chabad-Haus in der Elbmetropole, geleitet vom charismatischen Rabbiner Shneor Havlin, bei Israelis beliebt.

Nun aber haben Chabad Dresden wie auch die etablierte Einheitsgemeinde überraschende Konkurrenz durch die im Herbst 2021 gegründete „Jüdische Kultusgemeinde Dresden" bekommen. An ihrer Spitze steht der aus den USA stammende Rabbiner Akiva Weingarten, der sich im theologischen Sinne als „liberalchassidisch" betrachtet. Nach eigenen Angaben zählt die Gemeinde etwa 200 Mitglieder (o. A. 2023). Auffällig ist nicht nur eine Resonanz bei in Dresden lebenden Israelis, sondern auch die ausgesprochene „Jugendlichkeit" des Projektes. Mehr junge (aktive) Mitglieder wünschen sich fast alle jüdischen Gemeinden in Deutschland, besonders aufgrund der geringen Mitgliederzahlen (insbesondere im Osten), zumal andernfalls eine erneute demografische Regression droht.

Alle Interviewpartner*innen gehen davon aus, dass sich die etablierten jüdischen Gemeinden – also die Einheitsgemeinden – im Osten wie im Westen nur dann eine längerfristige Perspektive schaffen können, wenn sie sich der jüngeren Generation mehr öffnen, modernere Themen aufgreifen und liberalen Ideen und Praktiken mehr Raum bieten. Leonie spitzte diese Sichtweise in gewisser Weise noch zu:

> Insgesamt glaube ich, dass das religiöse Judentum in ganz Deutschland offener und entspannter werden sollte. Das Reformjudentum hat hier seinen Ursprung, und doch sind so viele Gemeinden traditionell. Ich denke, das wird sich vielleicht in den nächsten Jahrzehnten ändern, wenn Jüngere nachrücken. Ob Ostdeutschland dabei so viel anders ist mit seinen Gemeinden, wage ich zu bezweifeln.[18]

---

18 Interview mit Leonie in Berlin-Friedrichshain, 22. August 2023.

Nach persönlichen Erfahrungen mit Antisemitismus oder auch anderen Formen von Anfeindung und Diskriminierung hatte ich meine Interviewpartner*innen nicht direkt gefragt. Keine(r) von ihnen gab zu verstehen, sich am jeweiligen Wohn- oder Arbeitsort als Jüdin bzw. Jude nicht mehr sicher zu fühlen. Gleichwohl waren sich alle der wachsenden Probleme mit Geschichtsrevisionismus, Rechtspopulismus und schwindendem gesellschaftlichem Zusammenhalt bewusst. Wie schon oben erwähnt, betrachten die meisten Gesprächspartner*innen diese problematischen Trends gleichwohl als eine gesamtdeutsche und keine explizit ostdeutsche Herausforderung. Die Politik sehen sie hier ebenso gefordert wie sich selbst, ohne dabei automatisch immer als jüdische Personen in Erscheinung treten zu müssen. So formulierte Sascha S.: „Es ist wichtig, dass man seine Rolle gut macht. Denn die eigene Rolle beeinflusst das Engagement."[19] Für Caroline ergeben sich auch weiterhin untrennbare Verschränkungen von proaktivem Engagement sowohl in jüdischen wie auch in nichtjüdischen Initiativen:

> Ich versuche jüdische Werte auch außerhalb explizit jüdischer Organisationen einfließen zu lassen und bin definitiv von diesen geprägt, wenn es darum geht, mich einzumischen oder auf irgendeine Weise aktiv zu werden. In den letzten Jahren habe ich mich zwar zunehmend auf jüdische Initiativen konzentriert, jedoch bin ich auch weiterhin aktiv in verschiedenen Gewerkschaften und anderen Vereinen, die nicht direkt mit meinem Jüdisch-Sein zu tun haben.[20]

Möglicherweise sind es das jugendliche Selbstbewusstsein und der für junge Erwachsene oft typische prinzipielle Zukunftsoptimismus, die junge Jüdinnen und Juden in Ostdeutschland die Welt gelassener betrachten lassen als ihre Eltern und Großeltern, jedoch ohne aber sich diese schönzureden. Sascha S. bringt es in

---

19   Interview mit Sascha S. in Potsdam, 22. Dezember 2022.

20   Interview mit Carolina in Leipzig, 5. August 2023.

dieser Hinsicht wohl am präzisesten auf den Punkt: „Ein wirkliches Gefühl von Sicherheit bekommst du wohl erst dann, wenn klar ist, dass du dich ohne Gefahr mit Kippa oder Davidstern in der Öffentlichkeit zeigen kannst."[21]

Konsens herrschte unter den Gesprächspartner*innen auch darüber, dass sowohl für die eigene Sicherheit wie auch für den künftigen gesellschaftlichen Zusammenhalt intensivierte Kontakte zu anderen ethnischen wie religiösen Gruppen immer wichtiger werden. Hier waren die bisherigen Erfahrungen bei ihnen noch eher gering, abgesehen davon, dass Teile der (ostdeutschen) Kirchen für ihr differenziertes Engagement bei der Vermittlung von objektiven Informationen über Israel gelobt wurden.

Dr. Olaf Glöckner

Olaf Glöckner ist in Karl-Marx-Stadt (Chemnitz) geboren und ist Wissenschaftlicher Mitarbeiter am Moses Mendelssohn Zentrum für europäisch-jüdische Studien und Lehrbeauftragter für Geschichte und Jüdische Studien an der Universität Potsdam. Dort sind seine Arbeitsschwerpunkte die postsowjetisch-jüdische Emigration und Zuwanderung sowie das europäische Judentum nach 1989, aber auch die Thematik der sozialen Ungleichheit in Bezug zu Antisemitismus beschäftigt ihn. Zu diesen Themen sowie zu aktuellen Fragen publiziert er wissenschaftliche und journalistische Texte.

21   Interview mit Sascha S. in Potsdam, 22. Dezember 2022.

Literaturverzeichnis

dpa (2021): Ostbeauftragter Marco Wanderwitz: Manche Ostdeutsche „nicht in Demokratie angekommen". In: Der Tagesspiegel, 29.05.2021. URL unter: www.tagesspiegel.de/politik/manche-ostdeutsche-nicht-in-demokratie-angekommen-7939645.html (zuletzt: 31.10.2023)

Kapitelman, Dmitrij (2016): Das Lächeln meines unsichtbaren Vaters. München: Hanser Berlin

Leemhuis, Remko (2021): Die Mobilisierung des Ressentiments. Zur Analyse des Antisemitismus in der AfD. In: American Jewish Committe. Berlin Ramer Institute, 17.12.2021. URL unter: https://ajcgermany.org/de/broschuere/die-mobilisierung-des-ressentiments-zur-analyse-des-antisemitismus-der-afd (zuletzt: 31.10.2023)

o. A. (2023): Offenes Shtiebel. Jüdische Kultusgemeinde Dresden weiht am 3. September Synagoge ein. In: Dresdner Neueste Nachrichten online, 01.09.2023. URL unter: www.dnn.de/lokales/dresden/juedische-kultusgemeinde-dresden-synagogeneinweihung-am-3-september-LN2UDMZ2KVANVE7FTWPYPCBYAM.html (zuletzt: 03.11.2023)

Gesellschaftlicher Zusammenhalt in Ostdeutschland

Eine soziologische Untersuchung der inneren Verbundenheit religiöser Communities

Collin Feuerstein

Das Thema des gesellschaftlichen Zusammenhalts hat in den letzten Jahren an Aufmerksamkeit gewonnen. Als Denkfabrik, die sich mit dem demokratischen Zusammenleben und den damit verbundenen Herausforderungen wie der sozialen Ungleichheit befasst, setzen wir uns in dieser Arbeit mit dieser Thematik in regional, demografisch sowie theoretisch begrenzter Hinsicht auseinander.

Regional begrenzen wir uns in dieser Analyse auf die Flächenländer Ostdeutschlands: Brandenburg, Mecklenburg-Vorpommern, Sachsen, Sachsen-Anhalt und Thüringen. Thorsten Brand, Robert Follmer und Kai Unzicker (2020: 8 f.) heben hervor, dass es bezüglich des Zusammenhalts einen systematischen und wiederholt gemessenen Unterschied zwischen ost- und westdeutschen Bundesländern gibt.

In demografischer Hinsicht konkretisieren wir unseren Rahmen auf drei in sich heterogene Gruppen: religiöse jüdische, muslimische und christliche Communities. Wir fokussieren uns auf diese

Gruppen, weil wir in Ostdeutschland die besondere Situation einer überwiegend konfessionslosen Mehrheitsgesellschaft haben. Hierbei begrenzen wir uns auf folgende organisationale Bezüge: Die jüdische Community engen wir auf die Gemeinden unter dem Dach des Zentralrats der Juden in Deutschland (ZdJ) ein. Für die muslimische Community können wir den Rahmen nicht derart konkretisieren. Das liegt, wie wir noch sehen werden, an der muslimischen Landschaft Ostdeutschlands. Vornehmlich thematisieren wir muslimische Vereine, die unterschiedliche Glaubensrichtungen und Rechtsschulen vertreten. Die christliche Community begrenzen wir vorwiegend auf die Evangelische Kirche in Deutschland (EKD) sowie die römisch-katholische Kirche (Deutsche Bischofskonferenz, DBK), im Kleinen aber auch auf die Diözese der Armenischen Kirche (DAKD).

Zur Betrachtung des Zusammenhalts stützen wir uns auf ein mehrdimensionales Modell, das Brand, Follmer und Unzicker (2020: 16) anbieten. Sie definieren den gesellschaftlichen Zusammenhalt als eine dynamische Zusammensetzung aus der Qualität sozialer Beziehungen, dem Grad der Verbundenheit zu einem Gemeinwesen sowie der Gemeinwohlorientierung. Die Beschränkung des Forschungsrahmens begrenzt unseren Modellzugang, da wir nicht den gesamtgesellschaftlichen Zusammenhalt betrachten. Diese Begrenzung haben wir mithilfe leitfadengestützter Interviews zum gesellschaftlichen Zusammenhalt in Ostdeutschland mit Blick auf die genannten Communities, die den Modellkategorien folgten, erreicht (s. u.). Aus den Interviews hat sich für uns ergeben, dass wir uns auf die innere Verbundenheit in den jeweiligen sozialen Netzen der religiösen Communities fokussieren wollen. Ausgehend davon, dass der Zusammenhalt als sozialer Prozess gedacht und ‚vor dem Hintergrund‘ bestimmter Strukturen kontinuierlich angestrebt werden muss, wird die Arbeit von zwei Fragen geleitet: Wie sieht das jeweilige soziale Netz jüdischer, muslimischer und christlicher Communities aus? Welche soziologischen Zusammenhänge ergeben sich anhand dieser strukturellen und historisierenden Beschreibung für die Verbundenheit zur eigenen Community?

Konkret stellen wir das jeweilige soziale Netz der Communities im Sinne ihrer historisch gebildeten organisationalen Infrastruktur sowie ihre Mitgliederstrukturen dar. Hierüber suchen wir explorativ nach Zusammenhängen, die sich damit befassen, inwieweit sich jemand als Teil der Community sehen kann und sieht sowie sich mit der Community identifizieren kann und identifiziert. Hierbei ist unser Ziel keine vollständige, sondern eine auskundschaftende Beantwortung unserer Fragen, wobei wir uns hierfür primär auf leitfadengestützte Interviews, aber auch auf quantitative Daten und die themenrelevante Primär- sowie Sekundärliteratur stützen.

Im Sinne der Nachvollziehbarkeit wissenschaftlicher Untersuchungen (vgl. Allmendinger 2015), beschreiben wir zunächst das für unsere Analyse verwendete theoretische Modell sowie unsere Methodik.

Im darauffolgenden zweiten Kapitel geben wir einen groben Überblick über die religiöse Situation zur Zeit der Deutschen Demokratischen Republik (DDR). Anschließend gehen wir in den nachfolgenden Kapiteln auf unsere Leitfragen ein.

Im dritten Kapitel beschreiben wir die Geschichte und die Anzahl jüdischer Gemeindemitglieder sowie deren Altersstruktur, aber auch die formale Ordnung und organisationale Ausprägung der Gemeinden. Auf dieser Basis und mithilfe unserer Interviews, der Netzwerktheorie Mark Granovetters, der soziologischen Gesundheitsforschung sowie der wissenschaftlichen Literatur zum ostdeutschen Judentum behandeln wir folgende Aspekte: die Bindungsstärke in den Gemeinden, Grenzen und Verpflichtungen der inneren Verbundenheit sowie die religiöse Färbung dieser Verbundenheit.

Im vierten Kapitel liefern wir eine ähnliche strukturelle Beschreibung, jedoch mit einem fokussierten Vergleich zwischen der west- und ostdeutschen muslimischen Landschaft. Es wird sich zum einen zeigen, dass diese ostdeutsche muslimische Landschaft keine innere Fragmentierungszeit wie im Westen durchlebte, zum anderen, dass es eine islamische Angebotsschwäche gibt, was sich in einer kaum ausgeprägten islamischen Verbandsstruktur in Ostdeutschland zeigt. Hierüber und unter Heranziehung der Diskursanalyse Michel Foucaults sowie des Habituskonzeptes Pierre Bourdieus, unseren Interviews und der Literatur zum Islam in Deutschland beschreiben wir eine innere Verbundenheit, in der es ein innermuslimisches Zusammenarbeiten sowie eine plurale religiöse Praxis unter einem organisationalen Dach gibt.

Auch das fünfte Kapitel umfasst eine strukturelle Beschreibung, die zweierlei Erkenntnisse hervorbringt. Zum einen, dass die beiden Großkirchen keine Volkskirchen darstellen, zum anderen, dass diese in religiöser Diaspora existieren. Anhand unserer Interviews sowie der wissenschaftlichen Literatur zum Christentum in Ostdeutschland beschreiben wir die innere Verbundenheit in diesem Kontext als kirchliches Spannungsfeld zwischen volkskirchlichem Anspruch und entschiedener Isolation gegenüber der nichtchristlichen Umwelt. Zur Erweiterung der christlichen Perspektive besprechen wir abschließend die Armenische Kirche in Ostdeutschland, deren Diasporaexistenz nicht auf das Religiöse reduziert werden kann. Die strukturell-historisierende Beschreibung dieser Diasporakirche zeigt auf, dass deren sozial-kirchliches Netz nicht sonderlich belastbar ist, wodurch die innere religiöse Verbundenheit kontinuierlichen Störungen unterliegt.

Modellbestimmung

Zur Konzeption des gesellschaftlichen Zusammenhalts stützen wir uns intervenierend auf die mehrdimensionale Aufgliederung von Brand, Follmer und Unzicker (2020: 14 ff.). Wir reduzieren das Modell auf die der Kohäsion förderlichen Faktoren belastbarer sozialer Beziehungen sowie die Verbundenheit zum (religiösen) Gemeinwesen. Die Dimension „Soziale Beziehungen" setzt sich aus sozialen Netzen zusammen, die positiv mit dem Zusammenhalt in Verbindung stehen, insofern sie stark und belastbar sind. Damit geht einher, dass auch das Vertrauen in die Mitmenschen den Zusammenhalt fördert. Zudem ist eine Akzeptanz von Diversität förderlich, wenn diverse Wertvorstellungen und Lebensweisen als gleichberechtigt miteinander figurieren können. Die Dimension „Verbundenheit" fußt darauf, dass sich jemand mit dem eigenen (religiösen) Gemeinwesen verbunden fühlt und sich als Teil desselben identifiziert. Hierzu zählt auch das Vertrauen in die Institutionen des Gemeinwesens. Zuletzt ist ein Gerechtigkeitsempfinden bedeutsam: Fühlen sich die Menschen gerecht behandelt? Sehen die Menschen die Verteilung der Güter, die die Community betreffen, als gerecht an?

Wir passen die Dynamik dieses Modells an. Wir üben einen Spagat, indem wir die innere Verbundenheit zum Gemeinwesen (Verbundenheitsgefühl und Identifikation) mit den jeweiligen sozialen Netzen verbinden. Diese Verbindung, wie uns die Interviews nahelegten, ist nicht willkürlich gezogen. Die Frage nach der inneren Verbundenheit fragt nämlich zugleich nach der „Verbundenheit mit wem und was". Hiermit bildet sich eine Brücke zu den sozialen Netzen, denn diese stellen diesen Bezug dar. Das hat methodologische Konsequenzen. Denn fortan fassen wir den gesellschaftlichen Zusammenhalt filetiert als die dynamische Verbindung zwischen sozialen Netzen und der inneren Verbundenheit auf. Hierdurch werden die anderen genannten Subdimensionen zwar nicht aus dem Modell gestrichen, aber dennoch hierarchisch untergeordnet. Dabei lenken wir den Blick auch bewusst auf junge Personen, denn diese stellen die Zukunft der jeweiligen Communities dar.

Methodik

Für die Datenerhebung unseres explorativen Vorhabens führten wir leitfadengestützte Interviews. Die Interviews fanden im Zeitraum von April bis August 2023 statt. Es wurden 14 Personen zum Thema gesellschaftlicher Zusammenhalt in Ostdeutschland entweder mit Blick auf die jüdische, muslimische oder christliche Community unabhängig[1] voneinander befragt.

Die Interviews hatten eine maximale Länge von 75 Minuten. Sie wurden entweder in Büroräumlichkeiten oder über Zoom durchgeführt. Zwei Interviews fanden in Büros unserer wissenschaftlichen Probandinnen statt, die anderen in den Berliner Räumlichkeiten

[1] Mit Max Privorozki, Vorsitzender der Hallenser jüdischen Gemeinde, führten wir zwei Gespräche.

des ZdJ. Hierdurch ist nicht auszuschließen, dass es zu sozial erwünschten Antworten (vgl. Schnell et al. 2018: 323 f.) kam.

Die Stichprobenzusammensetzung teilt sich in drei Gruppen: Fünf Personen gehören dem jüdischen, vier Personen[2] dem muslimischen und fünf Personen dem christlichen Kontext an. Jede Gruppe unterteilt sich in zwei Probandengruppen: Privatpersonen und Expertinnen sowie Experten. Auf diese Probandengruppen wurde die Leitfadenkonstruktion zugeschnitten. Zwar haben wir uns für diese Konstruktion kategorial am Modell zum gesellschaftlichen Zusammenhalt orientiert, aber der Grad der Offenheit sowie das Erkenntnisinteresse variiert zwischen den Gruppen. Erstens haben wir Interviews mit jüdischen, muslimischen und christlichen Privatpersonen mit folgenden Merkmalen geführt: Sie sind zwischen 18 und 27 Jahre alt, sie sind in ihrem Selbstverständnis religiös und haben einen biografischen Bezug zu Ostdeutschland (Sozialisation oder mehrjähriger Lebensmittelpunkt). Mit dieser verkleinernden Perspektive beschreiben wir diese Menschen nicht als Objekte, sondern lassen sie als Subjekte sprechen (vgl. Arp, Goudin-Steinmann 2022: 216). Die Interviews mit den Privatpersonen gestalteten wir offen. Zu Beginn setzten wir einen Impuls, damit diese von ihrem (religiösen) Leben in Ostdeutschland erzählen. Hierdurch konnten sie die Richtung des Interviews steuern. Im Anschluss stellten wir Nachfragen, um das Erzählte besser zu verstehen oder zu vertiefen. Zweitens führten wir Experteninterviews. Die Probanden müssen eine Expertise zu den im vorigen Absatz hervorgehobenen Merkmalen haben: Hierzu gehören Gemeindevorsitzende, Projektmitarbeitende oder Akademikerinnen und Akademiker. Der Fokus der Experteninterviews lag in der Wissensvermittlung, sodass der Interviewverlauf von uns stärker strukturiert werden konnte.

Die Stichprobe wurde nicht zufällig gezogen, sondern folgte dem Schneeballverfahren (vgl. Schnell et al. 2018: 274, 279;

---

2 Ein fünftes geplantes Interview konnte aufgrund von Nichterreichbarkeit (Unit-Nonresponse) im Interviewzeitraum nicht durchgeführt werden.

Przyborski, Wohlrab-Sahr 2014: 184 f.). Hierbei werden Personen gefragt, ob sie aus ihren eigenen Netzwerken weitere Untersuchungspersonen vermitteln können. Dieses Verfahren eignet sich für uns, weil wir relevante Experten zu einem nicht systematisch erforschten Themengebiet finden sowie eine seltene Population – die ostdeutsche Minderheit religiöser Privatpersonen – erschließen müssen.

Die Interviews wurden aufgenommen, extern wörtlich transkribiert und mit MAXQDA computergestützt anhand einer inhaltlich strukturierenden qualitativen Inhaltsanalyse ausgewertet (vgl. Kuckartz, Rädiker 2022: 129–156). Unser Kategoriensystem baut auf den Kategorien des Modells zum gesellschaftlichen Zusammenhalt auf. Von diesem blicken wir in der ersten Phase inhaltlich strukturierend auf die Transkripte. Das Ziel dieser deduktiven Phase bestand in der dimensionalen Reduzierung des Modells auf der Basis der Expertisen. Anhand der Analyse der Zusammenhänge zwischen den Modellsubkategorien entschieden wir uns dazu, den Fokus des Forschungsrahmens auf die innere Verbundenheit und das soziale Netz des Gemeinwesens zu legen, wobei wir in der Entscheidungsphase auch ausgewählte Literatur herangezogen haben. In der zweiten Phase analysierten wir ausgehend von den kategorial codierten Textsegmenten den Zusammenhang zwischen den beiden Subdimensionen. Sekundär stützten wir uns auf religiöse Mitgliederstatistiken und führten basale statistische Auswertungen mit RStudio durch. Zuletzt haben wir ausgewählte Literatur herangezogen. Hierfür konnten wir uns auf die projektinterne Datenbank stützen. Ebenso haben wir uns anhand von Stichworten wie „Religion in Ostdeutschland" die Hilfe von Springer Professional zunutze gemacht, drittens wurden wir durch Experten in Bezug auf die Literaturauswahl beraten.

Es ergibt sich hierdurch im Ansatz ein Mixed-Methods-Verfahren, das die qualitative Laborforschung mit quantitativen Methoden sowie der Literaturarbeit verbindet.

Religion in der DDR

Befasst man sich mit der inneren Verbundenheit in religiösen Netzwerken in den ostdeutschen Flächenländern, dann muss vorab die DDR mit einbezogen werden. In der DDR wurde jede Religion als eschatologischer Gegner sowie als Machtkonkurrenz zum Marxismus-Leninismus der SED betrachtet (vgl. Großbölting 2022). Für Religionen gab es keinen angedachten Platz – obzwar die atheistische Politik über die Jahre nicht linear verlief, was sich zum Beispiel daran zeigt, dass ein Großteil der SED-Mitglieder im DDR-Gründungsjahr selbst konfessionell gebunden war.

Ehrhart Neubert (1998: 364) fasst das über die Jahre prozessierte Verhältnis der SED zu den christlichen Großkirchen als „Paradoxie von scharfer Konkurrenz und bedingter Duldung" zusammen, die sich politisch als forcierte Säkularisierung ausdrückte. Dies ist einer der Gründe, der zu einer „umfassenden Entchristlichung der Gesellschaft" (Bracht, Söding 2021: 39) führte. Die SED konnte hierbei auch an Überzeugungen anknüpfen, die die Religionslosigkeit unterstützen (vgl. Großbölting 2022). Ebenfalls muss auf säkularisierende Prozesse der westlichen Moderne hingewiesen werden (vgl. Knop 2021: 172). Binnen weniger Generationen verringerte sich die Zugehörigkeit zu den Kirchen auf dem Gebiet der DDR enorm. Gehörten 1945 noch 91 % der Bevölkerung einer christlichen Kirche an, war es 45 Jahre später nur noch ein Viertel (vgl. Großbölting 2022). Hiermit hat sich in diametraler Analogie zum Begriff der Volkskirche ein Volksatheismus entwickelt, in dem die Areligiosität normal geworden ist (vgl. Knop 2021: 172). Dennoch ist zu betonen, dass sich die Oppositionsbewegung der DDR in den kirchlichen Bewegungsräumen der Pfarrhäuser und Kirchenkeller formierte (vgl. Großbölting 2022; Neubert 1998: 371, 375 f.). Auch bezüglich des Islam herrschte keine religionsfreundliche Politik vor. „Die Ausübung ihrer Religion wurde den wenigen Muslimen und Musliminnen in der DDR […] nur sehr eingeschränkt gewährt. Es gab keine Moscheen oder Imame; nur in einzelnen Studentenwohnheimen wurden Gebetsräume für muslimische Studierende eingerichtet" (ZEOK e. V. o. J.; vgl. auch Neal 2018).

Ebenso wenig gab es eine breite Vereins- und Verbandsentwicklung (vgl. Akca 2021: 26).

Auch eine jüdische Religiosität galt als Überbleibsel vorsozialistischer Zeiten. Eine jüdische Infrastruktur (Synagogen, Torarollen oder Gebetbücher), aber auch religiöses Personal (unter anderem Rabbiner) gab es aufgrund der Nationalsozialisten kaum. Der staatlich getragene Antizionismus in der DDR verhinderte eine kontinuierliche Unterstützung der jüdischen Gemeinden. Es ist zu erwähnen, dass einige Juden areligiös sozialisiert waren, wobei es auch Rückbesinnungen zum Judentum gab (vgl. Genin 1998: 426 f.). Die jüdischen Gemeinden sahen sich Repressionen ausgesetzt und wurden systematisch überwacht. Im Jahr 1953 entschieden sich fünf der acht Gemeindevorsitzenden für die Flucht in den Westen und mit ihnen etwa ein Fünftel der ansässigen jüdischen Gemeindemitglieder (400–500). Dennoch haben sich die kleinen Gemeinden zu dauerhaften Institutionen entwickelt, etwa in Leipzig, Dresden, Karl-Marx-Stadt (Chemnitz), Magdeburg, Schwerin, Halle an der Saale oder Erfurt, wenn auch mit einer überalterten Mitgliederstruktur (vgl. Talabardon 2021).

Innere Verbundenheit in den jüdischen Gemeinden

Jüdische Gemeinden in Ostdeutschland

In den ostdeutschen Flächenländern gibt es 16 jüdische Gemeinden (2022), die durch den ZdJ repräsentiert werden.[3] In Brandenburg befinden sich sieben Gemeinden, die zusammengenommen den Landesverband der Jüdischen Gemeinden Land Brandenburg bilden. In Mecklenburg-Vorpommern existieren zwei jüdische Gemeinden, die im Landesverband der Jüdischen Gemein-

---

[3] Neben dem repräsentativen jüdischen Dachverband Zentralrat der Juden gibt es auch den Verband der Union progressiver Juden. Diesem gehört die Liberale Jüdische Gemeinde zu Magdeburg an. Erwähnenswert ist zugleich, dass etwa die Hälfte der Jüdinnen und Juden in Deutschland bzw. Personen jüdischer Herkunft ohne gemeindliche Anbindung leben (vgl. Körber 2022: 140).

den in Mecklenburg-Vorpommern vertreten sind. In Sachsen liegen die zwei mitgliederstärksten Gemeinden: Leipzig (1091 Mitglieder) und Dresden (685 Mitglieder). Zusammen mit der Gemeinde in Chemnitz bilden sie den Landesverband Sachsen der Jüdischen Gemeinden. Sachsen-Anhalt beherbergt drei Gemeinden, die den Landesverband jüdischer Gemeinden Sachsen-Anhalt bilden. Zuletzt gibt es noch eine Erfurter Gemeinde, die zugleich die Jüdische Landesgemeinde Thüringen ausmacht (vgl. ZWST e. V. 2023).

Damit befindet sich nur ein geringer Anteil aller jüdischen Gemeinden sowie Landesverbände in diesen Flächenländern, in denen es etwa ein Dutzend aktiver Synagogen sowie zwei weitere Synagogengrundsteinlegungen (Magdeburg und Potsdam) gibt.

Jüdische Revitalisierung

Diese organisationale Struktur baut auf der Geschichte der jüdischen Kontingentflüchtlinge aus der ehemaligen Sowjetunion auf. Seit 1990 hat die Bundesrepublik etwa 220 000 jüdische Kontingentflüchtlinge und ihre Familienangehörigen aufgenommen, wobei der Großteil bis zum Inkrafttreten des restriktiven Zuwanderungsgesetzes im Jahr 2005 nach Deutschland kam (vgl. Panagiotidis 2021: 2, Wissgott-Moneta 2010: 100).[4] „Das entscheidende Kriterium für die Aufnahme bildet […] die ethnische Zugehörigkeit: Wer den Nachweis einer jüdischen Abstammung erbringt, kann nach Deutschland einwandern" (Körber 2015: 18).[5] In Deutschland wurden die jüdischen Einwanderer bundesweit auf Basis des Königsteiner Schlüssels verteilt, wobei ihr Anteil an der ostdeutschen Gesamtbevölkerung geringer als im Westen ist (vgl. Panagiotidis 2021, Plamper 2019: 239–269). Hierdurch ist es zu einer Belebung des ostdeutschen jüdischen Gemeindelebens ge-

---

[4] „Mit dem Zuwanderungsgesetz vom 1. Januar 2005 verlor das Kontingentflüchtlingsgesetz seine Gültigkeit. 2007 wurde die weitere Aufnahme jüdischer Einwander*innen aus der ehemaligen Sowjetunion beschlossen, nun jedoch mit strengeren Auflagen" (JMB o. J.).

[5] Die Migration von Juden aus der ehemaligen UdSSR wurde durch eine Initiative von Angehörigen der DDR-Bürgerrechtsbewegung angesichts antisemitischer Übergriffe in der UdSSR ausgelöst (vgl. Körber 2015: 13).

kommen – obwohl nicht alle ihren Weg in die Gemeinden des ZdJ fanden, die als stark geforderte Integrationsinstanzen vorgesehen waren (vgl. Kiesel 2010: 93; Körber 2015: 22). Melanie Eulitz (2012: 3) resümiert: „Die neue Quantität führt […] dazu, dass überall im Land neue Gemeinden entstehen, dass in den bestehenden die Aktivitäten zahlreicher und in schon totgesagten Gemeinden jüdische Feste gefeiert werden." Zwischen 1994 und 2022 stieg die Mitgliederzahl in den ostdeutschen Flächenländern um 6129 Personen. Das erscheint nicht viel. Doch hiermit hat sich die dokumentierte Mitgliederanzahl um mehr als das Siebenfache im Vergleich zu 1994 erhöht.[6] Im Schnitt hat eine jüdische Gemeinde im Jahr 2022 in Ostdeutschland etwa 433 Mitglieder. Nur die Leipziger Gemeinde überschreitet die 1000er-Grenze (siehe den Beitrag von Magdalena Herzog in diesem Band, Abb. 1, S. 30; Abb. 2, S. 32) – schließt man diese aus, dann sinkt der Schnitt auf 389 (vgl. ZWST e. V. 2023, eigene Berechnungen). Die jüdische Landschaft in Ostdeutschland ist dünn besiedelt und wurde revitalisiert von den jüdischen Kontingentflüchtlingen. Zum Ende der DDR gab es etwa 380 Gemeindemitglieder (vgl. Körber 2015: 14).

Dichte Verbundenheit

Spricht die Chemnitzer Gemeindevorsitzende Dr. Ruth Röcher über ihre Gemeinde, dann bezieht sie sich auf eine spezifische Gemeinschaftsform, die Familie. Sie erzählt uns, dass sie in der Synagoge bemerkte, dass sie von allen Anwesenden sowie deren engsten Verwandten die Familiengeschichten kenne. Das treffe umgekehrt ebenso zu, auch ihre Geschichte sei allen bekannt, weshalb sie für diesen Kern hervorhebt: „Wir sind wie eine große Familie" (Persönliches Gespräch, 08.06.2023). Zum einen deutet die Metapher auf die Mitgliederschwäche hin, zum anderen auf eine (religiöse) Kern-

---

6   Hierbei ist zu beachten, dass in der herangezogenen Statistik die Mitgliederzahlen der Brandenburger Gemeinden erst ab dem Jahr 2000 dokumentiert sind. Bis auf eine dieser Gemeinden wurden alle Ende der 1990er-Jahre bzw. im Jahr 2000 gegründet. Dennoch ist zu betonen, dass bereits 1991 die Jüdische Gemeinde Land Brandenburg e. V. existierte, deren Mitgliederzahlen nicht in der Statistik aufgelistet sind und demnach von uns in der Berechnung nicht beachtet wurden (vgl. JG-Potsdam 2011).

gemeinde. Diese Kerne bilden sich, weil die Gemeindemitglieder unterschiedlich stark am religiösen, sozialen und kulturellen Leben teilnehmen. Eulitz (2022: 215) betont, dass die Herausbildung eines religiösen Kerns typisch für die neuere Entwicklung der Gemeinden sei.

Im Weiteren werden wir uns ausgehend von dieser Metaphorik den Gemeinden anhand einer netzwerktheoretischen Definition nähern, um die Stärke der inneren Verbundenheit hervorzuheben. Dieses Vorhaben ist begrenzt. Wir wenden die Definition nur für kleine Gemeinden und für die Kerngemeinden größerer Gemeinden an. Wir beschreiben diese (Kern-)Gemeinden als ein Netzwerk, das aus starken Bindungen besteht. Die Stärke von Beziehungen setzt sich aus der korrelativen Kombination des Zeitumfangs, der emotionalen Intensität, der gegenseitigen Vertrautheit sowie reziproker Leistungen zusammen (vgl. Granovetter 1973: 1361). Im Folgenden werden wir darlegen, weshalb es plausibel ist, dass jede dieser Variablen in diesen (Kern-)Gemeinden positive Werte aufweist.

Röcher (s. o.) konstatiert einerseits eine hohe gegenseitige Vertrautheit, andererseits impliziert sie einen hohen Zeitumfang, den die Mitglieder miteinander verbringen, ansonsten könnte es kein allseitiges Kennen geben. Dieses allseitige Kennen führt eine gewisse emotionale Intensität aufgrund der intimen Transparenz des Sich-Kennens mit sich. Des Weiteren hebt Röcher hervor, dass es in ihrer Gemeinde keine hermetisch getrennte Arbeitsteilung gebe. Wenn eine Aufgabe erledigt werden muss, dann finde sich stets eine Person, die diese übernimmt. Sie betont hiermit reziproke Leistungen: „Wir kümmern uns" (Persönliches Gespräch, 08.06.2023). Die emotionale Intensität zeigt sich unter anderem auch darin, dass die Mitglieder der Gemeinden ähnliche Migrationsgeschichten – sei es die eigene oder die der (Groß-)Eltern – haben. Auch Anastassia Pletoukhina (2023: 90) betont die gegenseitige Vertrautheit sowie den Zeitumfang: „In den kleineren Gemeinden ist der Bekanntschaftsgrad unter den Mitgliedern meistens sehr hoch und die Interaktion sehr intensiv."

Wir untermauern unseren Ansatz anhand einer Aussage einer jungen jüdischen Gesprächsteilnehmerin. Dieses Netzwerk wird von ihr nämlich als „Bubble" (TN_yjn, persönliches Gespräch, 16.05.2023) benannt, wodurch sie implizit auf die Stärke der Beziehungen hinweist, wie uns Pletoukhina (2023: 88) darlegt: „Im Falle einiger Befragten entsteht eine gewisse Blase, da sie durch die bestehenden Strukturen keine Notwendigkeit und keinen Bedarf haben, die jüdische Community zu verlassen. Alle Räume ihres Lebens, sowohl formell als auch informell, werden durch jüdische Institutionen strukturiert und bedient." Andererseits fügt unsere Gesprächsteilnehmerin hinzu, dass sie hierin auch eine ostdeutsche Qualität erkenne, die darin liege, dass ostdeutsche Gemeinden stark in Ostdeutschland verankert seien. Sie betont, dass viele Ältere nicht das Anliegen hätten, diesen Rahmen zu vergrößern (aus TN_yjn, persönliches Gespräch, 16.05.2023).

Unser definitorischer Ansatz legt nahe, dass die Verbundenheit nach innen durch starke Bindungen gekennzeichnet ist. Es scheint sich nicht nur um dichte[7] (Kern-)Gemeinden, sondern, der Aussage folgend, auch um auf Ostdeutschland fokussierte (Kern-)Gemeinden zu handeln.

Engen wir diese Dichte auf das intergenerationale Verhältnis ein, dann zeigen sich jedoch zwei Besonderheiten. Diese Dichte verengt sich, wenn wir über (ostdeutsche) Gemeindekinder sprechen. Diese nehmen, wie Pletoukhina (2023: 90 ff.) schildert, frühzeitig eine aktive Rolle in der Gemeinde ein, sodass deren Bekanntheitsgrad (Vertrautheit) besonders in kleinen und mittelgroßen Gemeinden (Mehrheit ostdeutscher Gemeinden) hoch ist. Ältere Mitglieder nehmen hierbei über einen langen Zeitraum an deren Aufwachsen teil, wodurch die intergenerationalen Beziehungen durch eine hohe emotionale Intensität gekennzeichnet sind. Mit steigendem Alter erweitert sich ihre aktive Teilhabe und ihnen kommt ein hohes Vertrauen zu, wobei dieses Engagement identitätsstiftend wirkt. Es

---

[7] Granovetter (1973: 1370) hebt hervor, dass starke Bindungen ein dichtes Netzwerk formen.

zeigt sich demnach, dass im Besonderen Gemeindekinder dicht in die Gemeinde eingebunden sind. Dennoch kann es einen Bruch in dieser Dichte geben. Dieser geht damit einher, dass die Mitglieder der Gemeinden mehrheitlich russischsprachig sind. Für junge Jüdinnen und Juden hängt die Beziehungsstärke von der Kenntnis der russischen Sprache ab. Pletoukhina (2023: 99) betont diesbezüglich, dass die nicht-russischsprachigen Kinder und Jugendlichen von vielen sozialen Interaktionen in der Gemeinde ausgeschlossen werden. Eine junge jüdische Gesprächsteilnehmerin untermauert dies. Freunde von ihr, die nicht Russisch sprechen, fühlten sich ausgeschlossen, weil sie dem Kantor in der Synagoge nicht durchgehend folgen könnten, denn dieser priorisiere die russische Sprache. „Also, ich kenne das von Freunden, die fühlen sich natürlich sehr ausgeschlossen" (TN_yjn, persönliches Gespräch, 16.05.2023).

Innere Verbundenheit und Pflicht

Die Mitgliederschwäche korreliert mit der Verpflichtung des Sich-verbunden-Fühlens. Dies zeigt sich am Beispiel der Ferienfreizeiten (hebr. Sg. Machane, Pl. Machanot[8]). Machanot fördern den Zusammenhalt und die Verbundenheit der jüngeren Generationen zur jüdischen Gemeinschaft. Sie gelten als Ort jüdischer Vermittlung und der Verfestigung jüdischer Identität.[9] Sie sind demnach bedeutend für die Bildung einer stabilen jüdischen Gemeinschaft. Hierfür wird ein Mix von Erholung, Freizeitaktivität und themenspezifischen Workshops von professionell geschulten Jugendleiterinnen und -betreuern (hebr. Pl. Madrichim) angeboten (vgl. ZWST e. V. o. J.). Dies sieht in der Hallenser Gemeinde zum Beispiel so aus: während des Sommer-Machane bietet die Gemeinde eine Abschlussveranstaltung mit iterativem Charakter an. Dort wird ein

---

8 Laura Cazés (2021) hat sich mit der Vergangenheit und Gegenwart sowie der Funktion und Bedeutung dieser Ferienfreizeiten befasst.

9 Max Privorozki erzählt uns eine erhellende Geschichte: Ein Kind lernt auf Machane im Detail Schabbat kennen und wünscht sich fortan, dass zu Hause, wo dieser Ruhetag nicht ausgeübt wird, zumindest eine kleine Variante des Schabbats praktiziert wird (Persönliches Gespräch, 24.07.2023).

etwa 15-minütiges Video vorheriger Machanot – der letzten 20 Jahre – gezeigt. Kinder können so ihre Eltern, die darin teilweise selber noch Jugendliche waren, als Teilnehmende sehen. Hierdurch kann die gegenseitige Vertrautheit gestärkt werden.

Nun stellt sich aber die Frage der Belastbarkeit der Gemeinden. Es benötigt eben (junges) Personal, um diese Angebote altersgerecht umsetzen zu können, und gerade hierin macht sich die Mitgliederschwäche bemerkbar. So erzählt uns eine Madricha, dass sie einen Machane auch deswegen unterstützt habe, weil die Kinder und Jugendlichen ansonsten nicht an der Ferienfreizeit hätten teilnehmen können, da nicht genügend Personal vorhanden war. Sie sieht sich in einer generationenübergreifenden Pflicht und Verantwortung, damit junge Jüdinnen und Juden an dieser gemeinschaftsbildenden Form des Miteinanders teilhaben können – an einem sozialen Miteinander, das in ihrer eigenen Vergangenheit eine identitätsbildende Rolle gespielt hat und demnach eine emotionale Intensität aufweist (aus TN_yjn, persönliches Gespräch, 16.05.2023).

Hierdurch verdeutlicht sich, dass Events, die eine derart zentrale Bedeutung für die Identifikation mit einem jüdischen Kollektiv und konkret mit der jüdischen Gemeinde haben, im Zusammenhang mit der Entscheidungsfreiheit junger Jüdinnen und Juden stehen. Die Frage danach, ob ein solches Event unterstützt wird, wird auch von dem Wissen über die Bedeutung dieser Events getragen. Pletoukhina (2023: 102) hebt diese Bedeutung hervor, wenn sie schreibt: „Die Erfahrung der jüdischen Kollektivität mit Gleichaltrigen hat eine Auswirkung auf Kinder und Jugendliche vor allem aus kleineren Gemeinden, in denen wenige bis gar keine Gleichaltrigen in der jüdischen Jugendarbeit präsent sind."

Unsere Gesprächsteilnehmerin ist zum einen frei in der Entscheidung, ihre Rolle als Madricha nicht einzunehmen, aber ihre Entscheidung ist nicht unabhängig vom genannten Kontext; dieser berührt ihre Handlungsmöglichkeiten.[10] Hiermit tangieren wir die

---

[10] Auch Eulitz (2012: 8) berichtet über Ähnliches. Die Entscheidung, dass eine junge Jüdin sowie ihr Freundeskreis die Leitung eines religiösen Jugendzentrums übernehmen, wurde vor dem folgenden Hintergrund getroffen: „Sonst ja, entweder ihr oder es halt dann zu [sic]".

Kontingenz in diesem Spannungsfeld. „Kontingent ist etwas, was weder notwendig ist noch unmöglich ist; was also so, wie es ist (war, sein wird), sein kann, aber auch anders möglich ist" (Luhmann 1994: 152). Es gibt für unsere Probandin alternative Handlungsmöglichkeiten und damit keinen notwendigen Zwang. Dennoch ist dieses Feld an Möglichkeiten für sie als junges jüdisches Gemeindemitglied begrenzt. Sich als aktiver Teil der Gemeinde zu sehen, findet folglich zum Teil in diesem Spannungsfeld statt.

Innere Verbundenheit und Überalterung

Junge Personen in den ostdeutschen Flächenländern stellen eine Minderheit der überalterten Gemeinden dar: Im Jahr 2022 waren etwa 66 % der Mitglieder über 50 Jahre alt, nur 8,71 % waren jünger als 19 Jahre (vgl. ZWST e. V. 2023).

Die Verbundenheit mit dem Gemeinwesen hängt mit altersbedingten Bedürfnissen zusammen. Gibt es für ältere Menschen die notwendigen Care-Strukturen, wie zum Beispiel adäquate Alten- und Pflegeheime, damit sie der Gemeinde verbunden bleiben können? Adäquat bedeutet in diesem Kontext die Beachtung der Tatsache, dass die Mitglieder der Gemeinden mehrheitlich Migranten aus der ehemaligen Sowjetunion sind, wodurch eine transkulturelle sowie migrationsfokussierte Pflege zentral wird. Zum Beispiel muss der Umstand, dass in der Sowjetunion jüdische Bürger aus Angst vor Repressalien ihre jüdische Herkunft häufig verleugnet haben (vgl. Weitzel-Polzer 2002: 195), Eingang in die Pflegearbeit finden.[11] Diese Ereignisse können zu posttraumatischen Belastungen führen, für die eine Sensibilisierung nötig ist, um Retraumatisierungen im Land der Täter zu vermeiden. Hieran schließt sich eine Erkenntnis aus der Gesundheitsforschung an. Bestimmte psychische Störungen stehen häufig in Verbindung mit Migration. Neben posttraumatischen Belastungen sind dies unter anderem Depressionen und psychosomatische Beschwerden (vgl. Gamper,

---

[11] Für einen Überblick zum Antizionismus der Sowjetunion (zum Beispiel die sogenannte Ärzteverschwörung in der UdSSR) siehe Léon Poliakov (2013: 37–92) oder in Teilen Irene Runge (1995).

Kupfer 2020: 372). Zum anderen muss das Pflegepersonal mehrsprachig sein, um einen Zugang zu den Bedürfnissen dieser aus diversen Kulturen und Herkunftsländern der ehemaligen Sowjetunion stammenden Menschen zu bekommen. Derartige Einrichtungen stehen folglich vor besonderen Herausforderungen.

In Ostdeutschland fehlt es stark an solchen Institutionen. Max Privorozki, der Hallenser Gemeindevorsitzende, hebt hervor, dass es in Sachsen-Anhalt, aber auch in Leipzig keine derartigen Institutionen gibt, wodurch in manchen Situationen der Wegzug notwendig wird (Persönliches Gespräch, 04.05.2023). Diesen Mangel können auch reziproke Leistungen starker Beziehungen nicht ausfüllen, obzwar es in der Tradition des Bikur Cholim (krankheits- oder altersbedingte Betreuung) versucht wird. Die Milderung besteht darin, dass diese Form der Betreuung auch das intergenerationale Miteinander sowie den Aufbau jüdischer Gemeinschaft anstrebt – in Chemnitz gibt es den eingetragenen Verein Bikkur Cholim (vgl. JG-Chemnitz o. J.).

Formale Verbundenheit

Zurück zur jungen Minderheit in den jüdischen Gemeinden Ostdeutschlands. Der formalen inneren Verbundenheit der ZdJ-Gemeinden entsprechen ortsgebundene und langfristig gedachte Mitgliedschaftsstrukturen, die sich oftmals nicht mit den Bedürfnissen, Interessen und mobilen Lebensformen junger Menschen vereinbaren lassen (vgl. Körber 2015: 31). Die langfristige Gebundenheit steht flexiblen Lebenswegen im Weg. Es ist nicht untypisch, dass man im Übergang zu erwachsenen Lebenslaufphasen den Wohnort wechselt, um etwa an einer bestimmten Universität zu studieren oder einer Arbeit nachzugehen. Hieran koppelt sich die Frage, ob diese Weggezogenen zu Heimkehrern werden. Kommen sie zurück in die alternde und kleine Familie? Röcher deutet im Gespräch diesbezüglich an, dass Grund zur Sorge bestehe: „Also wir exportieren […], aber das ist für die Gemeinde nicht so gut" (Persönliches Gespräch, 08.06.2023). Die formale Verbundenheit wird hiermit unterbrochen.

Aber auch wenn es den Wunsch zur Heimkehr gibt, stellt sich die Frage, ob das Heimkehren noch möglich ist. Wir zeichnen ein pessimistisches Bild. Nur 8,71 % der Mitglieder in den ostdeutschen Flächenländern sind jünger als 19 Jahre alt, 0,87 % sind jünger als 4 Jahre. Inwieweit gibt es folglich die Option, besonders wenn wir kleine Gemeinden betrachten, die formale Verbundenheit wiederherzustellen?

Religiöse Identifikation

Bisher sprechen wir über alternde und relativ kleine sowie kleiner werdende Gemeinden, die religiöse Verbundenheit bleibt bislang ausgespart. Diesbezüglich ist die Migrationsgeschichte der jüdischen Kontingentflüchtlinge konstitutiv: Jüdinnen und Juden aus der Sowjetunion waren mehrheitlich säkularisiert. Ihr Weg in die jüdischen Gemeinden bedeutete aber den Wandel zu einer religiösen Minderheit. Zwischen alteingesessener Minderheit und der Mehrheit neu zugezogener sowjetischer Juden war dies insofern ein Konfliktpotenzial, als die Neuzugezogenen selten den Weg in die Synagoge fanden (vgl. Körber 2015: 23, Kessler 2010). Das impliziert zugleich eine Heterogenisierung, in der die Mehrheit nicht religiös war. Demnach existierte ein gewisses religiöses Vakuum in Ostdeutschland.

Vor diesem Hintergrund ist die Roland S. Lauder Foundation zu nennen, die es sich seit drei Dekaden zur Aufgabe macht, jüdisches Leben im östlichen Europa wiederaufzubauen. Die Lauder Foundation hat aufgrund finanzieller sowie ideeller Zuwendungen zu einer gewissen religiösen Revitalisierung bei jungen nichtreligiösen Jüdinnen und Juden und damit zur „Pluralität im Inneren" (Eulitz 2022: 213) beigetragen. In Leipzig haben in den 2000er und 2010er-Jahren etwa ein Drittel der jüdischen Jugendlichen der Leipziger Gemeinde sowie weitere aus der Umgebung ein von der Lauder Foundation unterstütztes Zentrum in Anspruch genommen (vgl. Eulitz 2012: 5). Unsere junge jüdische Gesprächsteilnehmerin bestätigt dies. Die Lauder Foundation habe ihr bei der Erforschung ihrer jüdischen Werte und Wurzeln, aber auch bei der Vermittlung religiö sen Wissens weitergeholfen (aus TN_yjn, persönliches Gespräch, 16.05.2023). Dabei fördert diese Stiftung allgemein die Entwicklung einer orthodoxen (gesetzestreuen) Identität (Eulitz 2012: 1).

Für die Gemeinden spielt diese Stiftung eine zentrale Rolle, wenn es um die Vermittlung von Rabbinern geht. Gewichtig ist auch Folgendes: Privorozki betont das Gemeindeproblem, dass es ein Rätsel bleibe, wie man die religiöse Identität bestmöglich fördert (Persönliches Gespräch, 04.05.2023). Das hängt unter anderem damit zusammen, dass sich viele Juden religiös als (sehr oder eher) liberal definieren und das eigene Jüdischsein vor allem über die Kategorien Ethnie und Kultur bestimmen (vgl. Körber 2022). Folglich kann die Lauder Foundation diese Leere nutzen und gleichzeitig eine solche religiöse – orthodox definierte – Verbundenheit unterstützen. Damit zeigt sich zugleich, dass die innere Verbundenheit in den Gemeinden keinem homogenen religiösen Modell folgt.

Die angeschnittene partielle religiöse Revitalisierung reduziert sich nicht auf den Aufbau einer individuellen Religiosität, sie geht auch mit dem Aufbau organisationaler Strukturen einher. Das geht in manchen Fällen so weit, dass eine organisationale Ausdifferenzierung eintritt, in der liberale und religiöse Strukturen nebeneinander existieren (vgl. Eulitz 2022: 212 ff.). Positiv formuliert: Die innere Verbundenheit ist pluralisiert, die religiöse Identifikation ist nicht gleichmäßig.

Die religiöse Vitalisierung läuft über innerjüdische Aushandlungsprozesse des sozialen Miteinanders. Wir fokussieren uns nun auf einen solchen, in diesem Fall intergenerationalen Prozess. In den Gemeinden gibt es Beispiele, in denen jüngere Jüdinnen und Juden die Rolle der Lehrenden einnehmen, weil religiöses Wissen in der (Groß-)Elterngeneration fehlt. Privorozki hebt hierfür hervor, dass „der normale Zyklus des Lebens [nicht, C. F.] funktioniert" (Persönliches Gespräch, 04.05.2023), in dem der Wissenstransfer von älteren zu jüngeren Köpfen voranschreitet. Zwei dahinterliegende Problematiken hängen mit der Sowjetisierung zusammen. Zum einen haben sie mit der antireligiösen sowjetischen Politik zu tun und einer damit verbundenen Akkulturation im Sinne einer „Distanz zu einem religiös-kulturell verstandenen Judentum" (Körber 2015: 24). Zum anderen war der sowjetische Antizionismus ein Nachteil sowie eine Gefahr für die dortigen Jüdinnen und Juden. „Die spezifische Erfahrung, einerseits akkulturiert und andererseits als Juden gesellschaftlich und institutionell stigmatisiert zu sein, trägt zu einer jüdisch-ethnischen Identität bei" (ebd.).

Wir haben gesehen, dass unter anderem aufgrund der Lauder Foundation junge Jüdinnen und Juden einen Zugang zum religiösen Wissen bekommen, wodurch sie nun zu Lehrenden werden können. Privorozki hebt hervor: „Enkelkinder in der Gemeinde wissen wesentlich mehr und bringen das zurück in die Familie" (Persönliches Gespräch, 04.05.2023). Auch Eulitz (2022: 215) gibt uns ein Beispiel aus einer ostdeutschen Gemeinde, in der ältere Zugewanderte gerade im Austausch mit Jugendlichen einen besseren Zugang zu Gottesdiensten bekommen haben. Solche Fälle einer religiösen und intergenerationalen Verbundenheit sind durchaus vorhanden, wobei man ihre Häufigkeit nicht überschätzen sollte. Auch bei den Jüngeren ist das religiöse Wissen im Schnitt nicht besonders hoch, wie uns Röcher aus ihrer Gemeinde erzählt (Persönliches Gespräch, 08.06.2023).

Innere Verbundenheit in den muslimischen Communities

Muslimische Communities in Ostdeutschland – eine Annäherung

Bisher lässt sich nur Ungenaues über die muslimische Bevölkerungsgröße Deutschlands sagen. Denn zum einen gibt es keine zentrale Mitgliederregistrierung der pluralistischen islamischen Gemeinden und zum anderen wird die muslimische Religionszugehörigkeit nicht im Melderegister erfasst (vgl. Hakenberg, Klemm 2016: 16 f.). Katrin Pfündel, Anja Stichs und Kerstin Tanis (2021) berechnen die regionale Verteilung muslimischer Religionsangehöriger für 2019. Sie gehen von 5,3 bis 5,6 Millionen Musliminnen und Muslimen in Deutschland aus – hierin liegt die Schwierigkeit, dass sie hierunter auch das Alevitentum zählen.[12] Die Autorinnen schätzen, dass etwa 3,5 % der Muslime Deutschlands in Ostdeutschland leben. In Brandenburg und Mecklenburg-Vorpommern zusammen sind dies 0,8 %, in Sachsen 0,6 %, in Sachsen-Anhalt 1,1 % und in Thüringen 1 % aller Muslime Deutschlands.[13]

Zeithistorische Entwicklungslinien

Muslime gehörten in der DDR vornehmlich den ausländischen Gruppen der Vertragsarbeiter und Experten oder Geflüchteten und Austauschstudierenden an, die als temporär Anwesende betrachtet wurden – sie kamen unter anderem aus Afghanistan, Algerien, Irak, Iran, Südjemen, Pakistan oder Syrien (vgl. Hakenberg, Klemm 2016: 13 f.; Akca 2021: 24). Zudem bildeten diese unter anderem eine Schnittmenge mit den sowjetischen Streitkräften sowie deren Familienangehörigen.

„1989 lebten lediglich 190.000 Ausländer*innen in der DDR, was etwa 1 % der Gesamtbevölkerung entspricht" (Plitt 2018: 21). Unter diesem Prozent befanden sich auch Muslime. „Mit der Wende 1989/90 verloren große Teile der Vertragsarbeiter_innen und Studierenden ihren Status und wurden ausgewiesen" (ZEOK e. V. o. J.). Andere verließen aufgrund des bedrohlichen Rassismus Ostdeutschland. Marie Hakenberg und Verena Klemm (2016: 14) betonen, dass rund 66 % der Vertragsarbeitenden sowie etwa

---

12 Wir argumentieren im Sinne der Alevitischen Gemeinde Deutschlands, die „die Eigenständigkeit des Alevitentums" (AGD o. J.) hervorhebt.

13 Transformiert man diese Werte anhand des niedrigeren deutschlandweiten Bevölkerungswertes in die Anzahl muslimischer Religionsangehöriger, dann ergeben sich folgende Werte: Es leben etwa 42 400 Muslime in Brandenburg und Mecklenburg-Vorpommern zusammengenommen, etwa 31 800 in Sachsen, etwa 58 300 in Sachsen-Anhalt und 53 000 in Thüringen. Es handelt sich hierbei jedoch um Werte, die mit Vorsicht genossen werden sollten. Pfündel, Stichs und Tanis (2021: 52) heben hervor, dass auf Basis ihrer Studie keine Aussage über die Anzahl der Religionsangehörigen in einzelnen Bundesländern möglich ist. Das sieht man am Wert für Sachsen. Obzwar dort wachsende Städte (vgl. Hasenohr et al. 2017) mit ausgeprägtem muslimischem Leben liegen und Sachsen zugleich höhere Quoten beim Königsteiner Schlüssel aufweist als die anderen Flächenländer, weist Sachsen einen niedrigen Wert auf.

50 % der zuvor immatrikulierten ausländischen Studenten 1990 in ihre Herkunftsländer zurückkehrten.

Nach dem Jahr 1990 gründeten nach Ostdeutschland gezogene westdeutsche Muslime muslimische Gemeinden – dies trifft etwa auf eine Gemeinde in Frankfurt an der Oder zu (vgl. Krüger 2018: 31). Des Weiteren wurden nach der Wiedervereinigung unter Anwendung des bundesdeutschen Ausländerrechts Asylbewerber anhand des Königsteiner Schlüssels auf die neuen Bundesländer verteilt, wodurch ab Mitte der 1990er-Jahre weitere muslimische Gemeinden gegründet wurden (vgl. ZEOK e. V. o. J.). Hierzu zählen in den 90er-Jahren beispielsweise bosniakische Muslime, die während der Balkankriege nach Deutschland flohen (vgl. Akca 2020: 128).

Zahlreicher wurde die Ansiedlung muslimischen Lebens ab den 2010er-Jahren: Durch die krisenhafte Situation im Nahen und Mittleren Osten – man denke an den beginnenden Bürgerkrieg in Syrien ab 2011 – kam es zu einer Migrations- und Fluchtbewegung, die in Deutschland besonders ab 2015 wahrgenommen wurde. Dies betraf Menschen aus muslimisch geprägten Ländern. Erneut wurden die Geflüchteten anhand des Königsteiner Schlüssels verteilt, wobei die Quote für ostdeutsche Bundesländer im Jahr 2015 zwischen 2 und 5 % rangierte (vgl. BAMF 2016: 16). Hierdurch stieg die muslimische Bevölkerungszahl und damit auch der Bedarf an muslimischen Organisationen an, wie Karen Krüger (2018: 22) betont. In Merseburg kamen vor 2015 eine Handvoll Muslime zusammen. Ein Jahr später verzeichnete die Gemeinde 300 neue Mitglieder (vgl. Akca 2021: 36). Gemessen an der jeweiligen ostdeutschen Landesbevölkerung sind Muslime eine kleine Gruppe, die aus unterschiedlichen Ländern kommen, unterschiedlichen Glaubensrichtungen und Rechtsschulen angehören sowie unterschiedliche Sprachen sprechen.[14] Die muslimische Bevölkerung ist folglich klein, zu-

---

[14] Die größte Konfession seien die Sunniten (vgl. ZEOK e. V. o. J.), wobei hierin noch zwischen unterschiedlichen Rechtsschulen (hanafitisch, schafiitisch, malikitisch, hanbalitisch) zu differenzieren sei.

gleich aber heterogen und großteils erst jüngst in Ostdeutschland angekommen.

Geringe Fragmentierungszeit

Wenn unsere muslimische Gesprächspartnerin, die in einem ostdeutschen interreligiösen und -kulturellen Dialogprojekt ehrenamtlich tätig ist, über Ostdeutschland spricht, dann hebt sie Positives hervor: „[W]ir haben, denke ich, jetzt im Vergleich zu Westdeutschland schon eine große Chance" (TN_imy, persönliches Gespräch, 26.06.2023). Es handelt sich um eine Chance des sozialen Miteinanders im Sinne einer innermuslimischen Zusammenarbeit. Über die westdeutsche Zusammenarbeit muslimischer Projekte konstatiert sie: „Also das [Praxis der innermuslimischen Zusammenarbeit, C. F.] existiert meistens nicht oft, sondern eher so, ja, rivalenmäßig gegeneinander […] oder zumindest nicht miteinander. Auch wenn es nicht rivalenmäßig gegeneinander ist, ist das auf jeden Fall nicht miteinander" (ebd.). Diese innermuslimische Fragmentierung ist geschichtlich bedingt. „Im Laufe der 1980er Jahre hat sich die Moscheelandschaft im Westen aufgrund interner Kämpfe um religiöse Deutungsmacht sowie wegen unterschiedlicher religionspolitischer Verständnisse dann erheblich fragmentiert […]. So entstanden in fast allen westdeutschen Städten mehrere Moscheen, die kaum zur Kooperation und zum gegenseitigen Austausch bereit waren" (Akca 2021: 25 f.). Hierdurch habe sich in westdeutschen Städten der freundliche Kontakt und solidarische Austausch zwischen den lokalen Moscheen aufgrund der Fragmentierungszeit verzögert (vgl. a. a. O.: 27).

Kurz darauf spricht unsere Interviewteilnehmerin über ihre Wahrnehmung der ostdeutschen Verhältnisse. „Und da sind noch nicht diese festgefahrenen, ja, Meinungen übereinander. Also die existieren noch nicht so. Und das ist eigentlich sehr, sehr gut, wenn man gemeinsam arbeiten kann und, ja, gemeinsam [etwas, C. F.] weiterentwickeln kann und sich auch gegenseitig helfen kann" (TN_imy, persönliches Gespräch, 26.06.2023). Ayşe Almıla Akca (2021: 27) untermauert diesen Gedankengang: „[D]er Austausch zwischen lokalen Moscheen [ist, C. F.] in ostdeutschen Städten unbelasteter."

Wir können hiermit hervorheben, dass die innermuslimische Verbundenheit in Ostdeutschland keine Fragmentierungszeit wie im Westen durchlaufen hat. Stattdessen wird eine Zusammengehörigkeit betont, in der es eine Offenheit der Praxis in Form der Zusammenarbeit, der gegenseitigen Hilfe sowie gemeinsamer Entwicklungsmöglichkeiten gibt. All dies betrifft die innermuslimische Beziehungsstärke, bedenkt man den Umfang der miteinander verbrachten Zeit, die gegenseitige Vertrautheit und die füreinander praktizierten reziproken Leistungen.

Angebotsschwäche in Ostdeutschland

Wir fokussieren uns nun auf die Mesoebene, das heißt auf die Ebene von Organisationen (vgl. Münch 2002: 15 f.). Unsere muslimische Gesprächsteilnehmerin aus dem Dialogprojekt erzählt uns: „[D]ie muslimischen Gemeinschaften in Ostdeutschland sind auch viel vielfältiger. Also man hat das im Westen sehr, dass man zum Beispiel die bosnische Moschee hat, die arabische Moschee hat, die türkische Moschee hat und die Moschee hat und die Moschee hat. Und in Ostdeutschland ist das etwas, ja, das ist schon offener, würde ich sagen. Es gibt teilweise Städte, in denen es nur eine Moschee gibt, wo alle Menschen aus unterschiedlichen Ländern, aus unterschiedlichen Anschauungen gemeinsam beten, sich gemeinsam treffen. Und das ist auf jeden Fall ein Potenzial, was […] wirklich gut nutzbar ist" (TN_imy, persönliches Gespräch, 26.06.2023). Sie berichtet uns hiermit von einer ostdeutschen Erfahrung der Vielfalt unter einem Dach.

Sie betont zu Beginn eine Graduierung der Landschaft – die muslimischen Gemeinschaften in Ostdeutschland seien vielfältiger –, schließt dann aber mit einer Aufzählung einer vielfältigen westdeutschen Moscheelandschaft an. In ihrer Erzählung sind Vielfalt und Fragmentierung mit Blick auf Westdeutschland unerwartet[15] mitein-

---

15 „Kulturelle Vielfalt wird in der Regel nicht als Fragmentierung, sondern als pluralistisch apostrophiert" (Röhl 2010).

ander verbunden. Vielfalt gibt es auch in Westdeutschland, diese wird jedoch separiert praktiziert. Auch Julia Gerlach (2006: 125) betont, dass die (westdeutschen) Moscheen oft nach Nationalitäten getrennt sind und demnach auch nach der Sprache der Freitagsgebete. Dies ist möglich, weil bereits ausdifferenzierte Strukturen existieren. Westdeutsche muslimische Strukturen konnten sich bereits 30 Jahre früher als in Ostdeutschland, und zwar mit der Arbeitskräftemigration der späten 1960er-Jahre entwickeln (vgl. Akca 2021: 22 f.). Hierdurch gibt es heute „zahlreiche Angebote von muslimischen Verbänden oder Organisationen" (Krüger 2018: 145). Das Unzusammenhängende ist hiermit ein Merkmal der westdeutschen Moscheelandschaft: Es handelt sich um eine fragmentierte Vielfalt.

Dagegen ist Ostdeutschland eine angebotsschwache Region, in der diese Trennung (noch) nicht derart etabliert ist.[16] In dieser Region erkennt unsere Interviewteilnehmerin ein vielfältiges Zusammentreffen unter einem organisationalen Dach. Selbiges bespricht Leonie Stenske, wissenschaftliche Mitarbeiterin und Doktorandin am Berliner Institut für Islamische Theologie, im Interview mit uns. In Leipzig gibt es eine Moschee, „die eher ins salafistische Milieu eingeordnet wird, aber die Leute, die dort hingehen, [sind, C. F.] durchaus viel diverser […], als dass sie sich alle unter SalafistInnen zusammenfassen lassen. Es gibt da einfach wenig Möglichkeiten, ne?" (Persönliches Gespräch, 26.04.2023). Sie verdeutlicht hiermit, dass es innerhalb einer Moschee eine gleichzeitige Praxis von unterschiedlichen Muslimen gibt, gerade weil das Angebot gering ist. Hierzu auch Akca (2021: 29): „Soweit man sehen kann, können unter dem Dach einer Moschee im Osten auch unterschiedliche religiöse Deutungen zusammenkommen, ohne dass bei Differenzen eine neue Moschee gegründet wird." Die Teilnehmenden üben somit ihre religiöse Praxis aus, nehmen aber nicht unbedingt an der spezifischen (salafistischen) Ausrichtung der Moschee teil. „Welche Auslegung des Islams die jeweilige Einrichtung vertritt, ist

---

16 „In Ostdeutschland ist das anders. Dort ist man als Muslim froh, wenn es überhaupt ein Angebot für die Befriedigung von spirituellen Bedürfnisse [sic] gibt" (Krüger 2018: 145).

wegen der fehlenden Wahlmöglichkeiten für viele zunächst von untergeordneter Relevanz" (Krüger 2018: 145).[17]

Wir sehen folglich die Bedeutung der Angebotsschwäche für die innermuslimische Verbundenheit und Diversität. Diese Angebotsschwäche zeigt sich besonders auf der Verbandsebene. Im Folgenden gehen wir auf islamische Dachverbände, deren Landesverbände sowie Gemeinden und Moscheen ein. Die Besprechung solcher Dachverbände folgt Akcas (2020: 123–134) Rekonstruktion der Fragmentierung des islamischen Feldes in Westdeutschland. Die Gründung von Dachverbänden hat nämlich dort die Fragmentierung der existierenden muslimischen Landschaft befördert. Hinsichtlich der Auswahl islamischer Dachverbände stützen wir uns auf ein Informationspapier zu islamischen Verbänden des Vereins Mediendienst Integration (2021). Folgende Dachverbände besprechen wir: Türkisch-Islamische Union der Anstalt für Religion (DİTİB), Islamische Gemeinschaft Millî Görüş (IGMG), Verband der Islamischen Kulturzentren (VIKZ), Zentralrat der Muslime in Deutschland (ZMD), Ahmadiyya Muslim Jamaat Deutschland (AMJ), Islamische Gemeinschaft der schiitischen Gemeinden (IGS), Islamische Gemeinschaft der Bosniaken in Deutschland (IGBD) und Zentralrat der Marokkaner in Deutschland (ZRMD). Die folgenden Organisationsinformationen entnehmen wir den Homepages der jeweiligen Verbände und Vereine, falls nicht anders angegeben.

Diese Verbände sind in Ostdeutschland kaum vertreten. Dort hat kein Landes- bzw. Regionalverband seitens DİTİB, IGMG, VIKZ oder ZRMD seinen Sitz. Diesen Verbänden gehören zudem nur wenige Moscheen an – so liegt keine IGMG-Moschee in einem ostdeutschen Flächenland.[18] Bedenkt man, dass die Aufgaben-

---

17 Krüger (2018: 156) erzählt zudem: „In den meisten Orten Brandenburgs, die ich auf meiner Reise besuchen konnte, waren die Muslime bereit, einen Gebetsraum gemeinsam zu nutzen, obwohl sie verschiedenen islamischen Richtungen und Nationalitäten angehören."

18 Dass es DİTİB-Moscheen in Ostdeutschland gibt, veröffentlicht DİTİB in ihren Berichten zu Moscheeübergriffen selbst. Deutlich wird, dass es in den letzten 10 Jahren in jedem neuen Flächenland solche Übergriffe gegeben hat. Im Jahr 2021 fanden 5 % der dokumentierten Übergriffe in Sachsen statt, im Jahr 2022 fanden jeweils 3 % der Übergriffe in Sachsen und Sachsen-Anhalt statt (vgl. DİTİB 2022, DİTİB 2023). Über ZMD-Moscheen ist aus Sicherheitsgründen öffentlich nicht viel bekannt (vgl. ZMD o. J.).

stellung solcher Verbände in der Unterstützung der Gemeinden bei der Erfüllung religiöser Aufgaben, bei der Erteilung islamischer Unterweisungen für Muslime, bei der ‚richtigen' Darstellung des Islam oder bei der Bereitstellung von Unterrichtsmaterialien liegen, dann ist es hinsichtlich der inneren Verbundenheit bezeichnend, dass sich diese Verbände nicht auf Ostdeutschland fokussieren (vgl. Yaşar 2012: 99–106, Mediendienst Integration 2021).

Der ZMD[19] sticht hervor. Er verfügt über einen Landesverband in Sachsen-Anhalt und in Thüringen. Auch die AMJ ragt heraus: In Leipzig sowie in Zwickau gibt es ein Gebetszentrum. In Dresden, Chemnitz und Plauen gibt es eine AMJ-Gemeinde. Diese bauen aktuell die erste repräsentative Moschee mit Minarett und Kuppel in Ostdeutschland (Erfurt). Eine weitere Moscheebaugenehmigung gibt es für Leipzig (vgl. Böhme 2021). Erwähnenswert ist, dass die AMJ in Leipzig einen Körperschaftsstatus hat und hiermit über rechtliche Privilegien (zum Beispiel steuerliche Begünstigungen) verfügt.

Die IGBD verfügt über eine dokumentierte Gemeinde in Leipzig, den Verein Islamisches Kulturzentrum der Bosniaken mit eigener Moschee. Die Gemeinden sind auf mittlerer Ebene in regional tätigen Organisationseinheiten (Medžlisi) organisiert. Die Leipziger Gemeinde ist Teil des Medžlis Hannover (Nord), das ansonsten nur westdeutsche Gemeinden umfasst. Die vier weiteren Medžlisi werden ausschließlich von westdeutschen Gemeinden gebildet.

Der IGS hat mehrere Mitgliedervereine in Ostdeutschland: das Islamische Al-Sahra Center e. V. in Leipzig mit eigener Husainiyya, die arabisch-islamische Begegnungsstätte El Hadi e. V., das Islamische Zentrum Schwerin e. V. (Ahlul Bayt Moschee)[20] sowie den

---

19 Der ZMD wurde mit Beteiligung von Organisationen gegründet, die der Muslimbruderschaft nahestehen. Zu den Mitgliedsverbänden gehört auch der iranische Regimesatellit Islamisches Zentrum Hamburg (vgl. Breuer 2019).

20 An deren Eröffnungsveranstaltung nahm der Stellvertreter des Leiters des Islamischen Zentrums Hamburg Hojjatol Eslam Younes Nourbakhsh teil. Das Schweriner Zentrum ist Gründungsmitglied des IGS und seit 2010 auch in dessen Vorstand vertreten (vgl. IZ-SN o. J.).

in Berlin ansässigen Verein Islamisches Kulturzentrum der Iraner in Berlin-Brandenburg e. V.[21]

DİTİB verfügt über drei Gemeinden in den ostdeutschen Flächenländern, und zwar in Chemnitz, Leipzig und Dresden (vgl. BDMJ o. J.).

Auch bezüglich der Jugendarbeit ist Auffälliges zu betonen: Es gibt zum Beispiel keine DİTİB-Jugendorganisation (Bund der muslimischen Jugend) auf Landesebene in Ostdeutschland. Zudem sind alle drei IGS-Jugendgruppen in Westdeutschland.

Betrachten wir das muslimische organisationale Verbandsangebot, dann kann von einer gewissen Leere gesprochen werden. Muslimische Strukturen in Ostdeutschland fußen mehrheitlich auf dem Organisationsprinzip des Vereins. In Ostdeutschland gibt es etwa 50 Moscheevereine (vgl. Akca 2021: 28) und insgesamt nur wenige (sichtbare) Moscheen. ZEOK e. V. (o. J.) fasst zusammen: „Die meisten Moscheen sind an keinen der bundesweiten Dachverbände angeschlossen, sondern unabhängige Vereine, die sich aus Spenden ihrer Mitglieder finanzieren. Mit meist ehrenamtlichem Engagement werden die religiösen sowie sozialen Angebote umgesetzt." Aufgrund dieser überwiegenden Vereinsstruktur stellt sich für uns die Frage nach der zukünftigen Entwicklung islamischer Dachverbände in Ostdeutschland, wenn über die innere Verbundenheit nachgedacht wird.

Die Ordnung islamischer Verbände

In der dargelegten Landschaft, in der islamische Verbände kaum vertreten sind, wird eine Chance, ein Potenzial gesehen, das es zu nutzen gilt. Stenske berichtet uns von einer Anekdote, die wir als Beispiel dieses Potenzials heranziehen: Ein junger Mann habe in einer (ostdeutschen) Moschee beobachtet, dass dort das Beten unterschiedlich vollzogen wird. Er wundert sich über diese vielfältige Praxis. Dies berichtet er seinem Vater, der ihm erklärt, dass dies damit zu tun habe, dass die von besagtem jungen Mann beobachteten Muslime aus verschiedenen Herkunftsländern kom-

---

21 Der Verein gehört zur Quds-Arbeitsgruppe Jürgen Grassmans – Anmelder und Veranstalter der antisemitischen Berliner Al-Quds-Demonstrationen (vgl. Moussavi 2017).

men und mit anderen Traditionen vertraut sind (Persönliches Gespräch, 26.04.2023). Das Potenzial kann hiernach als plurale religiöse Praxis gefasst werden, die sichtbar macht, dass diverse Identifikationsmöglichkeiten erlaubt sind. Hinsichtlich der Besprechung von Verbänden sollte aber kein ebenenanalytischer Fehlschluss begangen werden. Praxis soll nicht missverstanden werden als Beharren, dass soziale Prozesse alleinig auf dem Standpunkt einer individualistischen Ebene zu verstehen sind.

Die Gründung von Dachverbänden hat in Westdeutschland die Fragmentierung der muslimischen Vereinslandschaft in den 1980er-Jahren befördert und damit auch eine Fragmentierung der muslimischen Verbundenheit. Akca (2020: 123) konstatiert, dass die ersten westdeutschen muslimischen Vereine die Gläubigen noch über alle politischen, religiösen und sozialen Vorstellungen hinweg verbanden. Es ist demnach relevant, die Ordnungen dieser Dachverbände mitzudenken. Denn ein Dachverband pflegt einen spezifischen Identifikationsrahmen, in dem bestimmte Schriften und Ideen zirkulieren, Sympathien für bestimmte religiöse und/oder politische Akteure gehegt sowie bestimmte religionspolitische Positionierungen zu ethischem Handeln, Gerechtigkeit oder (religiösem) Wissen befördert werden. Hierüber wird eine bestimmte Deutungsmacht hergestellt und es werden Ausschlüsse formiert – etwa hinsichtlich der Gültigkeit bestimmter Gebete oder der religiösen Rechtmäßigkeit bestimmter Konzepte (vgl. ebd.).

Im Foucault'schen Sinne produziert ein Dachverband eine abgestimmte Ordnung, in der miteinander verbundene Kommunikationsbeziehungen, sachliche Fähigkeiten und Machtverhältnisse vereinheitlichend festgelegt sind (vgl. Foucault 1994: 252 f.). Das Fehlen eines solchen Nexus unterstützt die Möglichkeit der vielfältigen Praxis sowie diverser muslimischer Subjekte unter einem Dach. Dies zeigt sich theoretisch darin, dass solche Ordnungen im Verhalten selbst zu finden sind. Es handelt sich um Verhaltens- und Wissensordnungen, wie uns das Habituskonzept Bourdieus lehrt. Der Habitus, verstanden als erfahrungsabhängige Denk- und Verhaltensstrukturen, bezieht die Inkorporation sozialer Ordnungen ein. Das heißt, dass in der Hervorbringung der (religiösen) Denkweisen und Praktiken (etwa Beten) diese Ordnungen involviert sind (vgl. Krais, Gebauer 2017: 33). Andreas Reckwitz (2004: 321) betont: „Wissensordnungen ‚drücken' sich […] in Bewegungsmustern ‚aus'". Die beschriebene vielfältige Praxis des Betens widerspricht demnach in der Theorie einer Ordnung, die die Gleichförmigkeit der Praxis des Betens durchsetzt. Stenske deutet darauf hin, wenn sie betont, dass es ein „Machtvakuum" (Persönliches Gespräch, 26.04.2023) gebe.

Wir verstehen Praxis mit Bourdieu als „regelmäßige, kompetente (‚skillful') Bewegung des Körpers" (Reckwitz 2004: 321) und damit als „Gleichförmigkeit von Körperbewegungen" (ebd.). Die Praxis des Betens im Islam verdeutlicht diese Gleichförmigkeit. „Das Gebet selbst besteht aus einer festgelegten Abfolge bestimmter Körperhaltungen" (Krüger 2018: 23). Hierdurch ist zu fragen, welche Ordnungen die „Hervorbringung [des, C. F.] Komplexes von Körperbewegungen" (Reckwitz 2004: 321) aktiv regulieren. Deshalb ist die Anekdote über den jungen Mann auch so interessant, denn sie verweist diesbezüglich auf das genannte Vakuum. Denn bei ihm herrscht Verwirrung darüber, dass es diese Gleichförmigkeit nicht durchgehend gibt. Damit herrscht implizit auch Verwirrung über die Ordnung der Moschee selbst. Der Junge erwartete, dass unter dem Dach einer Moschee eine gleichförmige Praxis des Betens zu finden ist. Hiermit können wir zwei für die Zukunft zu beobachtende Fragen bezüglich der Ausprägung der inneren Verbundenheit anschließen: Wie wird sich die Verbandsstruktur entwickeln?[22] Wird es wie im Westen „Kämpfe um Deutungsmacht und Hegemonie" (Akca 2020: 124) geben?

---

[22] Diese Frage ist auch deswegen interessant, weil hiermit eine Ressourcenfrage einhergeht. Die Anbindung an Dachverbände ermöglicht finanzielle und personelle Ressourcen – man denke an DİTİB, die vom türkischen Ministerium für religiöse Angelegenheiten Imame (bezahlte türkische Beamte) gestellt bekommen (vgl. Gerlach 2006: 127). Man kann die obige Frage folglich erweitern: Wer ist wie dazu in der Lage, Antworten auf den muslimischen Zuzug und die damit einhergehenden (religiösen) Bedürfnisse, aber auch auf die Schwierigkeiten im Institutionalisierungs- und Konsolidierungsprozess der muslimischen ostdeutschen Landschaft zu finden? Wer kann beispielsweise Immobilien und unterschiedliche Artefakte (Waschgelegenheit, Gebetsnische oder Kanzel) bereitstellen, damit die religiöse Praxis reibungslos durchführbar ist?

Gerlach (2006: 96) betont, dass viele der (westdeutschen) muslimischen Jugendlichen es vorziehen, sich als Teil von Verbänden zu sehen. Die gestellten Fragen sind demnach direkt verknüpft mit der prozesshaften Identitätsbildung junger Muslime. Erstens, so erfahren wir von einer muslimischen Gesprächsteilnehmerin, gehen junge Muslime in einer Findungsphase religiösen Aspekten radikal auf den Grund (TN_imy, persönliches Gespräch, 26.06.2023). Eine solche kritische Hinterfragung des Religiösen kennen wir beispielsweise aus Lamya Kaddors (2011: 113–118) biografischer Erzählung, in der sie Aushandlungsprozesse mit ihren Eltern während ihrer Sozialisation beschreibt. Zweitens, so erfahren wir, ist das Wissen zum Islam in der jungen Generation durchwachsen – es reicht von Nichtwissen über ein Wissen, das ein Nachsprechen von Autoritätspersonen darstellt,[23] zu einem Wissen, das unter anderem einem selbstreflexiven Interesse entspringt (aus TN_imy, persönliches Gespräch, 26.06.2023). Diese identitätsbildenden Aushandlungsprozesse stehen im Zusammenhang mit den Ordnungen muslimischer Verbände. Man kann, angelehnt an Beate Krais und Gunter Gebauers (2014: 32 f.) Darlegung des Habitus markieren, dass ein Kind unter anderem in der sozial-religiösen Tätigkeit im Kontext islamischer Verbände die Fähigkeit – ein spezifisches Produktionssystem – entwickelt, um auf religiöse Situationen adäquat reagieren zu können. Zum Beispiel, dass in der Moschee keine Schuhe getragen werden. Hierin ist es sodann hinsichtlich der Möglichkeit zur radikalen Hinterfragung relevant, ob die Ordnung eines Verbandes etwas als verzerrende Darstellung des Islam betrachtet, womit über die Grenzen des Hinterfragens mitentschieden wird. Diesen Vorwurf der Verzerrung des Islam kennen wir aus der Vergangenheit, etwa als die IGMG ein im Sommer 2008 erschienenes deutsches Schulbuch (Saphir) für den Islamunterricht derart kritisierte (vgl. Kaddor 2011: 89). Da die

---

23 Viele muslimische Jugendliche „haben Religion sprichwörtlich mit der Muttermilch in frühestem Kindesalter aufgenommen. Bis heute werden ihnen im familiären Umfeld nicht nur religiöse Werte und Traditionen vermittelt, sondern bedauerlicherweise auch jene absolute und nicht hinterfragbare Haltung zur Religion" (Kaddor 2011: 121).

Ordnung eines Verbandes über religiöse Unterrichtsmaterialien und die islamische Unterweisung, aber auch über die Sprache der Predigten mitentscheidet, ist hiermit die Entwicklung des religiösen Wissens junger Muslime berührt. Diese beherrschen die Sprache der Predigten und damit häufig die der Eltern unzureichend (vgl. Gerlach 2006: 125). Hervorzuheben ist auch, dass es in Ostdeutschland keinen islamischen Religionsunterricht gibt.

Innere Verbundenheit in den christlichen Communities

Die Großkirchen nach 1989

Im Zuge der Wiedervereinigung hatten die beiden Großkirchen die Hoffnung, dass es zu einer grundlegenden religiösen Trendwende kommen würde. Statt dem Eintreffen einer religiösen Revitalisierung ist aber nur ein fortlaufender Säkularisierungsprozess[24] bemerkbar, der sich unter anderem in einer massiven Austrittswelle während der Umbruchsjahre zeigte (vgl. Großbölting 2022). Gert Pickel (2020) konstatiert, dass sich „dort die ‚Kultur der Konfessionslosigkeit' als kontinuierliche Normalität verfestigt" habe. Was zeichnet diese Kultur der Konfessionslosigkeit aus? Thomas Großbölting (2022) fasst hierzu zusammen, dass es in der Bevölkerung sowohl an der Vorstellung mangelt, dass die Kirche und die mit ihr verbundene Religion Relevanz besäße, als auch an kommunikativen und lebensweltlichen Zusammenhängen, in denen zum einen Wissen über Religionen vermittelt wird, zum anderen das Leben mit Religionen bekannt ist und eingeübt wird. Diese Irrelevanz im Subjektiven sowie der Mangel an organisationalen und strukturellen Kontexten des Religiösen werden diese Hoffnung wohl auch zukünftig unterminieren.

---

24 Lediglich in den Jahren 1989 bis 1991 gab es einen erhöhten Eintritt in die protestantischen Landeskirchen. Zu den Gründen dieser kurzen Zeit der kirchlichen Attraktivität, siehe Großbölting (2022).

Evangelische Kirche in Deutschland (EKD)

Die Evangelische Kirche in Deutschland (EKD) ist eine Gemeinschaft bestehend aus 20 Landeskirchen lutherischen, reformierten und unierten Bekenntnisses (vgl. Bracht, Söding 2021: 35). In Ostdeutschland sind sie die mitgliederstärkste christliche Gruppierung vor der römisch-katholischen Kirche. Dies überrascht nicht, waren doch die evangelischen Landeskirchen vor der Zeit der antireligiösen SED-Politik in Ostdeutschland flächendeckend vertreten (vgl. a. a. O.: 36; Neubert 1998: 378). In der EKD gibt es je nach spezifischem Bekenntnis gliedkirchliche Zusammenschlüsse. Folgt man den Homepages der EKD und ihrer Landeskirchen, dann ergibt sich folgendes Bild. Fünf der 20 Landeskirchen sind in Ostdeutschland vertreten.[25] Hierzu gehört die evangelisch-lutherische Kirche in Norddeutschland. Die sogenannte Nordkirche besteht aus 13 Kirchenkreisen. Das sind Aufsichts- und Verwaltungsbezirke, die die darin befindlichen Kirchengemeinden unterstützen. Lediglich zwei Kirchenkreise liegen in Ostdeutschland. Im Jahr 2022 verzeichnete der Kirchenkreis Mecklenburg 202 Kirchengemeinden, der Kirchenkreis Pommern 139. Allein in Mecklenburg-Vorpommern stehen etwa 1200 Kirchen und Kapellen. Die evangelische Kirche Berlin-Brandenburg-schlesische Oberlausitz hat mehr als 1100 Kirchengemeinden sowie mehr als 1600 Dorfkirchen (2021). Die evangelische Landeskirche Anhalt ist in fünf Kirchenkreise unterteilt, in denen etwa 125 Kirchengemeinden mit etwa 200 Kirchengebäuden zusammengefasst sind (2023). Die evangelisch-lutherischen Landeskirchen Sachsens, die sich in 16 Kirchenbezirke gliedern, umfassen 319 Kirchgemeinden, Kirchgemeindebünde und Kirchspiele mit etwa 1600 Kirchen und Kapellen (2022). Die Evangelische Kirche in Mitteldeutschland – Zusammenschluss der Kirchenprovinz Sachsen und der Evangelisch-Lutherischen Kirche in Thüringen – besteht aus 37 Kirchen-

---

25 Die Anzahl ostdeutscher Landeskirchen hat sich in den 2000er- und 2010er-Jahren dadurch verändert, dass es zu einer Fusionierung bestimmter Kirchen kam. Die Evangelische Kirche in Berlin-Brandenburg fusionierte 2003 mit der Evangelischen Kirche der schlesischen Oberlausitz.

kreisen und 3114 Kirchengemeinden sowie 3791 Kirchen und Kapellen (2022). Es ist im Gesamten sowohl bezüglich der Anzahl dokumentierter Kirchengemeinden als auch hinsichtlich der Kirchenmitglieder eine sinkende Tendenz in den ostdeutschen Flächenländern zu erkennen.

Ebenso ist die Jugendarbeit der Evangelischen Kirche unter dem Dach der Arbeitsgemeinschaft der Evangelischen Jugend (aej) in Ostdeutschland lokalisiert. Mitglieder sind mehrere Kinder- sowie Jugendorganisationen Ostdeutschlands (zum Beispiel das Kinder- und Jugendpfarramt, aber auch evangelische Freikirchen).

Römisch-katholische Kirche in Ostdeutschland

Die Deutsche Bischofskonferenz hebt auf ihrer Homepage hervor, dass die römisch-katholische Kirche in Deutschland in 27 (Erz-) Bistümer (Verwaltungsbezirke) untergliedert ist, die jeweils einem (Erz-)Bischof unterstehen. Ein Bistum ist unterteilt in Dekanate, die Zusammenschlüsse aus mehreren Pfarreien darstellen. Vier der 27 Bistümer befinden sich in einem ostdeutschen Flächenland, wobei anzumerken ist, dass keine Erzbistümer, die eine rechtliche Vorrangstellung haben, in Ostdeutschland liegen. Die Homepages der jeweiligen Bistümer legen folgendes Bild dar: Zum Bistum Magdeburg gehören 44 Pfarreien, die in acht Dekanaten zusammengefasst sind (2022). „Heute ist das Bistum der größte freie Schulträger" (Knop 2021: 174 f.). Zum Bistum Dresden-Meißen gehören 37 Pfarreien sowie ein Pfarrvikariat, eine Kathedrale in Dresden sowie eine Konkathedrale in Bautzen (2022). Zum Bistum Görlitz gehören 17 Pfarreien. „Von der Zahl der Gläubigen [2022 waren es 29 213, C. F.] her ist das Bistum Görlitz das mit Abstand kleinste Bistum Deutschlands" (Bistum Görlitz o. J.). Zum Bistum Erfurt gehören 33 Pfarreien, die in sieben Dekanate zusammengefasst sind. In Ostdeutschland liegen somit die mitgliederschwächsten Bistümer Deutschlands. Sie sind die einzigen Bistümer Deutschlands, die weniger als 150 000 Mitglieder haben (vgl. DBK 2023).

Bezüglich der Jugendarbeit ist zu sagen, dass es mehrere ostdeutsche Landesstellen des Bundes der Deutschen Katholischen Jugend gibt: Brandenburg, Vorpommern, Thüringen und Sachsen-Anhalt.

Volkskirchliche Großkirchen

Wir haben die rückläufige Entwicklung in beiden Kirchen beschrieben (siehe auch den Beitrag von Magdalena Herzog in diesem Band, Abb. 1, S. 30; Abb. 4–5, S. 34 f.). Hiermit wird deutlich, dass in Ostdeutschland keine Volkskirche existiert, wenn man diesen Begriff wie Julia Knop (2021: 179) als ein über einen Klerus definiertes Dispositiv begreift, das unter anderem aus seelsorglichen, liturgischen und caritativen Versorgungseinrichtungen besteht. Zum Beispiel, so erneut Knop (ebd.), kann die Eucharistie kein Normalfall parochialer Gottesdienste in Ostdeutschland sein. Hierfür haben die Kirchen in Ostdeutschland – besonders in ländlichen Regionen (vgl. Hein, Herbst, Stahl 2021) – zu wenig Ressourcen.[26] Hinsichtlich der Evangelischen Kirche in Deutschland konstatieren Katharina Bracht und Thomas Söding (2021: 36) eine „erodierende Volkskirchlichkeit", was besonders stark auf Ostdeutschland zutrifft. Hinsichtlich der römisch-katholischen Kirche in Ostdeutschland betonen sie (2021: 40), dass in diesem Gebiet der Begriff Volkskirche „weder als normale noch als ideale Sozialgestalt von Kirche" gilt.

Volkskirchlicher Anspruch

Im Gespräch mit Prof. Dr. Johann Ev. Hafner, Professor für Religionswissenschaft an der Universität Potsdam, zeigt sich, dass die oben erwähnten Indikatoren nicht ausreichen, um den Begriff der Volkskirche in Gänze zu delegitimieren. Dies wird deutlich, wenn das Selbstverständnis der Kirchen analytisch herangezogen wird. Dieses Selbstverständnis der beiden (minimierten) Großkirchen

---

[26] In der Zerstreuung stellt sich die Frage nach der kirchlichen Versorgung drastisch. Konkret: Im Bistum Magdeburg kann eine Pfarrei nicht mehr mit einem kanonischen Pfarrer besetzt werden (vgl. Feige 2013: 27).

sei, so Hafner, volkskirchlich ausgerichtet. Was meint er damit? Er deutet darauf hin, dass es in den beiden Kirchen auch weiterhin den Versuch gibt, die Gesellschaft durchdringen zu wollen sowie möglichst viele Menschen zum Mitmachen zu bewegen (Persönliches Gespräch, 23.05.2023). Damit wird die innere Verbundenheit nicht darauf reduziert, sich als heiliger und entschiedener Rest zu verschließen. Zum einen wäre hiermit das Identifikationsangebot reguliert, da es bestimmte religiös-kulturelle Muster voraussetzt, um sich als kleiner heiliger Rest verbunden zu fühlen. Zum anderen wären die Kirchen aufgrund dieser religiösen Isolation an keinem Zuwachs mehr interessiert.

Hafner führt weiter aus, dass die Kirchen ihre eigenen Standards unterböten, wodurch der Identifikationsrahmen weniger strikt und sanktioniert sei. Hiermit gebe es auch eine gewisse Akzeptanz dafür, dass Menschen die Glaubensgemeinschaft im Sinne einer leichten Religiosität auf Basis bestimmter Anliegen aufsuchen. Hafner bezeichnet diese Form der Religion als Anliegen-Religion: „[M]an kommt mit einem Anliegen" (Persönliches Gespräch, 23.05.2023). Die Religionsangehörigen nutzen die rituelle Sprache, wenn sie gebraucht wird.

Die Kirchen sind weiterhin „inklusiv und volkskirchlich" (ebd.). Das zeigt sich beispielsweise bei Taufen. Im strengen Sinne eines kleinen heiligen Restes sollte beim Sakrament der Taufe, durch das das Leben als Kind Gottes beginnt, unter anderem gewährleistet werden, dass die Eltern, mit ihrem religiösen Wissen und der damit verbundenen religiösen Praxis, dem Kind eine konkrete christliche Sozialisation garantieren können. Das hängt in Ostdeutschland bereits damit zusammen, dass es eine Gefährdung der christlichen Identität aufgrund des Anpassungsdrucks der andersgearteten Umwelt gibt (vgl. Oberdorfer 2021: 316). Es würde jedoch noch weniger Taufen geben, würden die Kirchen diese strengeren Kriterien anwenden.

Wir können zwar von keiner Volkskirche in Ostdeutschland sprechen, aber es gibt immer noch einen volkskirchlichen Anspruch. Ähnliches hat auch Gerhard Feige, Bischof von Magdeburg, mit der Metapher der schöpferischen Minderheit beschrieben. Diese ist ein Gegenbegriff zur geschlossenen Gesellschaft, die die Mehrheit der Gläubigen im Bistum Magdeburg unterstütze (vgl. Feige 2014: 27 ff.). Für die Erfahrung in der DDR schreibt Feige (2014: 18): „Obwohl die Verhältnisse überhaupt nicht volkskirchlich waren, haben wir doch […] im Kleinen versucht, Volkskirche nachzuahmen. [… N]ach wie vor gab und gibt es die ganze Breite, nur weniger: von völlig Begeisterten bis zu gerade noch Dazugchörigen" (vgl. auch Neubert 1998: 378). Das darf nicht darüber hinwegtäuschen, dass es in dieser religiösen Situation die Gefahr gebe, so Feige (2014: 17) selbst, sich zu einer geschlossenen Minderheit zu verschließen.

Religiöse Diasporasituation

Bisher haben wir es vernachlässigt, die mehrheitlich nichtkonfessionelle Umgebung der Kirchen explizit in die Analyse einzubeziehen. Durch Einbeziehung dieser Tatsache werden wir im Folgenden eine begriffliche Konkretisierung, und zwar anhand des religiösen Diasporabegriffs vornehmen.

Unter dem Begriff der religiösen Diaspora verstehen wir, in Anlehnung an Knop (2021: 170), eine quantitative Größe, die eine religiöse Minderheit im Verhältnis zur umgebenden nichtreligiösen Mehrheitsgesellschaft beschreibt. An diese Definitionsbestimmung muss, Bernd Oberdorfer (2021: 304) folgend, noch die Dauer dieser Situation einbezogen werden, um von religiöser Diaspora sprechen zu können. Anhand dieser Indikatoren kann konstatiert werden, dass die beiden Großkirchen in Ostdeutschland in religiöser Diaspora existieren. Knop (2021: 171): „In diesen Gebieten ist Diaspora kein Ausnahmefall, sondern ganz im Gegenteil prägendes Merkmal kirchlichen Lebens." Es gibt zwar immer noch den Anspruch des Volkskirchlichen, dieser Anspruch vollzieht sich aber in religiöser Diaspora, sodass dieser Anspruch zur Sisyphusarbeit wird.

Vor diesem Hintergrund kann die innere christliche Verbundenheit als ambivalenter Prozess zwischen christlicher Gemeinschaft mit volkskirchlichem Anspruch und entschiedener Selbstisolierung definiert werden (vgl. Oberdorfer 2021: 316). Dieser Prozess kann zu einer solidarischen Gemeinschaft führen und folglich zu Gefühlen der Kraft sowie auch zu einem hohen Gemeindebezug und einer starken Bekenntnisbindung. Er kann sich aber auch zu Stolz, Selbstgerechtigkeit und Enge einer kleinen Herde, ebenso zu Zweifel und Unsicherheit am eigenen Weg hinbewegen (vgl. Oberdorfer 2021: 315 f., Knop 2021: 172 f.). „Im Spannungsfeld dieser Möglichkeiten spielt sich das Leben der Diaspora ab. Hier müssen die Christinnen und Christen sich immer neu orientieren. Es gibt dabei keine immer gültigen und für jede Situation angemessenen Entscheidungen" (Oberdorfer 2021: 316). Diese Aspekte der inneren Verbundenheit werden innerkirchlich (ermunternd, tröstend, ermahnend oder beratend) thematisiert, als Chance, Herausforderung und Bedrängnis, in Predigten oder bischöflichen Hirtenbriefen (vgl. Knop 2021: 173).

Perspektiven junger christlicher Erwachsener

Sprechen unsere beiden jungen evangelischen Gesprächsteilnehmenden darüber, Teil der Kirche zu sein, dann heben sie auch hervor, was sich innerhalb der Kirche tun muss, um sich mit ihr verbunden zu fühlen.

Erstens wird in beiden Gesprächen geäußert, dass es eine Öffnung im Hinblick darauf geben sollte, wie man mit Gott in Verbindung treten kann. Der klassische Gottesdienst wird als Hemmschwelle wahrgenommen. Der altbekannte Ablauf, die altbekannten Bekenntnisse und Gebete überzeugen beide nicht. Unsere Gesprächsteilnehmerin konstatiert: „[E]s berührt mich nicht, es spricht mich nicht wirklich an" (TN_acl, persönliches Gespräch, 15.06.2023). Unser Gesprächsteilnehmer erzählt: „Ich hab jetzt keine Lust so auf einen 08/15-Gottesdienst, der nach Liturgieheft a, b, c geführt wird. [...] Also bei einem normalen Gottesdienst kriegt man mich echt nicht mehr rein" (TN_oci, persönliches Gespräch, 13.06.2023). Sie wünschen sich eine Öffnung traditioneller Praktiken. Dazu gehöre auch die musikalische Untermalung.

Es benötige eine auditive Modernisierung, um dem alten Korsett zu entkommen. Er betont: „Das macht schon viel aus in einem Gottesdienst, wenn es eine gute Musik ist" (ebd.). Eine moderne und frische Gestaltung ist für seine Identifikation sowie sein Verbundenheitsgefühl wichtig.

Hervorzuheben ist diesbezüglich, dass Hafner auf eine Diskrepanz zwischen dem „Selbstbild als religiöser Kirchgänger und der tatsächlichen religiösen Aktivität" (Persönliches Gespräch, 23.05.2023) hinweist. Interessant ist, dass unsere Gesprächsteilnehmerin dieses Verhältnis erweitert. Das zeigt sich darin, dass sich ihre religiöse Aktivität neben punktuellen Kirchbesuchen zu Ostern und Weihnachten häufiger in anderen Formen der religiösen Teilnahme ausdrückt. Zum einen in Form eines spezifischen Gebetes. Dieses Gebet nehme die Form eines „Sich-selber-Klar-werdens-über-den-eigenen-Zustand" (TN_acl, persönliches Gespräch, 15.06.2023) an, das sie gern zu Hause praktiziere. Zum anderen spüre sie, etwa wenn sie Spaziergänge in der Natur macht, eine besondere Verbundenheit zur Natur, in der ihr Gott präsent sei. Der Gang in die Kirche ist für ihr religiöses Selbstbild nicht umfassend genug, ihre religiöse Aktivität übt sie – in Konkurrenz zum Verständnis eines entschiedenen kleinen Restes – häufiger außerhalb der Kirche aus.

Zweitens brauche es eine Offenheit in der gemeinsamen Kommunikation, damit sie sich als Teil der Kirche sehen könnten. Unsere Gesprächsteilnehmerin lernt diese Offenheit in der evangelischen Jugendarbeit kennen. Sie erzählt uns hierbei von einem Angebot ihrer Kirchgemeinde, in der eine Jugendgruppe mit einem Gemeindepädagogen Bibeltexte liest und bespricht. Zentral war für sie vor allem ein Aspekt: Offenheit in der Interpretation der Texte sowie Offenheit hinsichtlich der Relevanz bestimmter Texte. Ersteres verweist darauf, dass das Ziel des Lesens und Besprechens nicht im Finden einer bestimmten vorgegebenen Lösung bestehen soll, sondern in einer offenen Diskussion, in der eine Anbindung an lebensweltliche Themen möglich ist. Zweiteres verweist darauf, dass die Interpretation von Textstellen auch das Ergebnis zulassen soll, dass sie als nicht zeitgemäß erachtet werden (aus TN_acl, persönliches Gespräch, 15.06.2023). Auch für unseren Gesprächsteilnehmer ist Offenheit ein wichtiges Anliegen. Man müsse wegkommen von der Idee eines Absoluten. Stattdessen sei ein Interpretationsspielraum wichtig, in dem kein vorgezogener Punkt das feste Ziel sei (aus TN_oci, persönliches Gespräch, 13.06.2023).

Wir sehen in diesen Erzählungen, dass die Veränderung und Öffnung kirchlicher Traditionen einen Zugang für junge Menschen bieten kann, teilweise gerade als Voraussetzung der Verbundenheit mit der Kirche zu gelten scheint.

Diözese der Armenischen Kirche

Andere christliche Kirchen in Ostdeutschland können ebenfalls unter den Begriff der religiösen Diaspora gefasst werden, denn der Quantitätsindikator trifft auch auf diese zu. Hiermit verkürzt man aber den Begriff der Diaspora einseitig auf das Religiöse.

Die armenische Kirche gestaltete den überwiegenden Teil ihrer etwa 1700-jährigen Geschichte in Zerstreuung (Gazer 2021). Wir gehen auf diese Geschichte mehrere Jahrhunderte verkürzend ein. Die Lebensgrundlagen der Armenier wurden zu Beginn des 20. Jahrhunderts durch den Genozid (Aghet) in kultureller, geistiger und ökonomischer Sicht vernichtet (vgl. Akçam 2004; Gazer 2021: 104). Hierdurch kam es nach 1915/16 zur größten armenischen Zerstreuung. Auch die armenische Kirche[27] war hiervon betroffen (vgl. Gazer 2021: 104 f.). „Sie wurde zur Diasporakirche in allen fünf Kontinenten" (Gazer 2021: 105).

Die Migrationsbewegung fand ihren Ort auch in Ostdeutschland. Prof. Dr. Haçik Rafi Gazer, Professor für Geschichte und Theologie des christlichen Ostens, hebt hervor, dass ein Teil der Über-

---

27 Dabei zählten Geistliche der armenischen Kirche zu den allerersten und bevorzugten Opfern der von den Jungtürken ausgeführten Vernichtungsaktion (vgl. DAKD 2013: 15). Hierzu eine Erzählung von Arshaluys Mardigian (2020: 28): „Als sie [Jungtürken, C. F.] gerade dabei gewesen waren, Pater Rhoupen auszupeitschen, hatte sie ein Offizier unterbrochen und gemeint, es sei doch nur Zeitverschwendung, einem Priester noch die Peitsche zu geben, die Priester würden doch sowieso alle getötet werden."

lebenden in die spätere Sowjetrepublik Armenien flüchtete. Als Teil der sowjetischen Armee wurden sie in der DDR stationiert und blieben nach 1990 teilweise in Ostdeutschland – insbesondere im Großraum Halle, Leipzig, Dresden oder Erfurt (Persönliches Gespräch, 23.06.2023). Nach dem Zusammenbruch der Sowjetunion wanderten zudem Armenier aus Georgien, Aserbaidschan oder Russland nach Deutschland aus (vgl. Dreuße 2008: 57). Zu nennen sind auch Geflüchtete im Zuge des Konfliktes um Bergkarabach, des syrischen Bürgerkriegs sowie des russischen Angriffskriegs auf die Ukraine (aus H. R. Gazer, persönliches Gespräch, 23.06.2023).

Zur Größe der armenischen Community kann aufgrund einer schwierigen Datenlage nichts Exaktes gesagt werden. Beispielsweise erfasst das Ausländerzentralregister nur armenische Staatsbürger und vernachlässigt hiermit „‚Ethnic Armenians‘, die aus anderen Herkunftsländern nach Deutschland migrierten" (Dreuße 2008: 57). Die armenische Community kann ungeachtet ihrer Heterogenität als eine Schicksalsgemeinschaft mit einem gemeinsamen Ursprungsland beschrieben werden, deren Identität auf dem Zugehörigkeitsgefühl zur verstreuten, verfolgten und gefährdeten armenischen Gemeinschaft fußt (vgl. Dreuße 2008: 63, 86). Sie verbindet eine „Art ‚diasporische Identität'" (a. a. O.: 88).

Die Armenische Kirche in Deutschland

Seit 1992, durch Anordnung des Katholikos (höchstes kirchliches Amt), wurde die eigenständige Diözese der Armenischen-Apostolischen Kirche in Deutschland (Köln) gegründet. Dieser gehören 16 Kirchengemeinden an, die allesamt jüngerer Natur sind (vgl. DAKD 2013: 33). Eine davon befindet sich in Ostdeutschland: die Armenische Gemeinde Sachsen-Anhalt e. V. (Halle an der Saale), die seit 2009 eigene sakrale Räumlichkeiten (Surb Harutyun) mit eigenem Pfarrer besitzt. Des Weiteren gibt es einen Gemeindepfarrer, der von Berlin aus die gesamte Region Ostdeutschland betreut.[28] Wir sehen auch hier: Die kirchliche Struktur ist nicht besonders stark ausgeprägt und belastbar.

Störungen in der Diasporasituation

Die religiöse Situation in Ostdeutschland stellt für die armenische Kirche einen von Störungen gekennzeichneten Prozess bezüglich der Etablierung einer religiösen Verbundenheit dar.

Als erste Störung ist die religiöse Sozialisation zu nennen. Das bezieht sich vor allem darauf, dass die größte armenische Gruppe in Ostdeutschland aus der Sowjetunion kommt und damit unter einem System lebte, das dem Religiösen entgegengesetzt war. Ihr fehlt folglich eine starke religiöse Verbundenheit. Obzwar es eine traditionelle Verbundenheit mit der armenischen Kirche gibt und diese als Garant und Stütze nationaler Identität gilt (vgl. DAKD 2013: 32), kann die armenische Religion nicht ausführlich bedient werden (aus H. R. Gazer, persönliches Gespräch, 23.06.2023).

Zweitens fehlt es an einer ausgeprägten und belastbaren religiösen Infrastruktur in Ostdeutschland, die eine auf die armenische Religion bezogene identitäts- und gemeinschaftsstiftende Funktion verlässlich übernehmen kann. Die armenische Community ist in Ostdeutschland selbst zerstreut und steht vor der Herausforderung, dass die religiöse Infrastruktur diese Zerstreuung nicht abdecken kann, wodurch auch viele Personen aus der armenischen Community kirchlich nicht erreicht werden. Es fehlt beispielsweise an permanenten religiösen Ansprechpartnern, an Pastoralreferenten und Religionslehrern oder an einem armenischen Konfirmandenunterricht. Es gibt hier im Gegensatz zu Westdeutschland (vgl. Dreuße 2008: 63 ff.) keinen regelmäßigen Austausch, keine wöchentlichen Gottesdienste, sondern eher lockere und unregelmäßige Treffen, unter anderem wenn Kausal-

---

28 Neben dieser Kirchengemeinde gibt es zudem die eingetragenen – aber nicht primär religiösen – Vereine Armenische Gemeinde Thüringen e. V., die Armenische Kulturgemeinde Leipzig e. V. sowie Haytun – Armenischer Kulturverein Dresden, die allesamt mit der armenischen Kirche in Deutschland zusammenarbeiten.

gottesdienste (zum Beispiel Taufen) durchgeführt werden. Da es nur in Halle sakrale Räumlichkeiten gibt, ist die armenische Community an anderen Orten auf Unterstützung angewiesen. In Leipzig hat die armenische Kirche temporäres Gastrecht in der katholischen Propsteikirche St. Trinitatis, und in der evangelischen Nikolaikirche wurden bereits Aghet-Gedenkveranstaltungen durchgeführt. Die religiöse Praxis findet in Räumen statt, die weder für die armenische Liturgie ausgelegt noch eigenständig nutzbar sind. Die Störung zeigt sich hiermit auch darin, dass sich der armenisch-religiöse Vollzug aufgrund des temporären und fremden Kontextes in der Diaspora ändert und damit auch der Identifikationsrahmen der armenischen Kirche. Hierbei ist für die innere Verbundenheit auch relevant, dass die religiöse Arbeit stark auf dem Ehrenamt beruht. Gazer hebt auf der einen Seite hervor, dass es hierdurch zu starken Bindungen kommen kann, zum anderen aber auch zu inneren Störungen, da die Arbeit unter besonderen Herausforderungen auszuüben ist (Persönliches Gespräch, 23.06.2023).

Diese Störungen lassen sich zu einer Problematik, die der Diasporasituation entspricht, kanalisieren: „Kontinuität ist eben nicht gewährt und das ist aber ein typisches Kennzeichen der Diaspora-Gemeinschaft" (H. R. Gazer, persönliches Gespräch, 23.06.2023). Die aktuelle kirchliche Struktur ist hierfür nicht ausgeprägt und es fehlt an vielen Ecken. „[D]ieses Fehlen ist sozusagen ein Dauer-Kennzeichen" (ebd.). Damit ist die Frage nach der Identifikation mit der armenischen Kirche aufs Stärkste betroffen. Reichen unregelmäßige Gottesdienste aus, um diese Identifikation zu stärken? Kann das Religiöse in dieser Zerstreuung vermittelt werden?

Fazit

Zusammenfassend lässt sich Folgendes feststellen: Die sozialen Netze der herangezogenen Communities – verstanden als historisch gewachsene organisationale und personelle Strukturen – sind hinsichtlich ihrer Belastbarkeit und Stärke eingeschränkt. Ausgehend von dieser strukturellen Beschreibung, so konnten wir darlegen, können einige Zusammenhänge mit der inneren Verbundenheit in den Communities herausgearbeitet werden.

Rekapitulierend zeigt sich dies zum Beispiel anhand der Mitgliederschwäche in den jüdischen Gemeinden. Diese Schwäche, besonders im Hinblick auf junge Personen, steht im Zusammenhang mit einer starken Bindung an die Gemeinde, wenn es um gemeinschafts- und identitätsstiftende Aktivitäten wie den Jugendfreizeiten geht. Wir erfahren von einer Gesprächsteilnehmerin die subjektive Verpflichtung, sich als aktiver Teil der Gemeinde für das Fortbestehen derartiger Aktivitäten einzusetzen.

Auf muslimischer Seite bringen wir die verbandliche Angebotsschwäche in Erinnerung. Solche islamischen Verbände bieten einen (beispielsweise das religiöse Wissen oder die religiöse Praxis) regulierenden Identifikationsrahmen für (junge) Muslime an, wodurch die innermuslimische Identifikation betroffen ist. Besonders die zukünftige Frage der verbandlichen Entwicklung, dies unter Berücksichtigung der umstrittenen politischen Rolle muslimischer Großverbände in den alten Bundesländern, ist unseres Erachtens von Interesse.

Auch auf großkirchlicher Seite macht sich die strukturelle Schwäche bemerkbar. Die beiden Großkirchen leiden unter organisationalen und personellen Verlusten, wodurch sich Fragen nach der inneren Verbundenheit anschließen. Soll sich die Kirchengemeinschaft isolieren und abgrenzen, sich als kleiner heiliger Rest verbinden, oder soll der Identifikationsrahmen weiterhin offenbleiben, damit so viele Menschen wie möglich Teil der Community sein können? Auch die armenische Kirche muss strukturelle Schwierigkeiten aushandeln. Dies tangiert die innere Verbundenheit in religiöser Hinsicht zum Beispiel derart, dass kirchliche Räume flächendeckend fehlen. Die Identifikation mit der Kirche findet hiermit größtenteils in Räumen statt, die nicht für die Liturgie der armenischen Kirche ausgerichtet sind.

Diese von uns explorativ herausgearbeiteten Verbindungen gilt es für Ostdeutschland in Zukunft wissenschaftlich näher zu untersuchen, anhand spezifischer methodischer und theoretischer Hilfsmittel. Wir bieten hiermit Startmöglichkeiten an, die genutzt werden können.

Collin Feuerstein, M. A., studierte Jüdische Studien sowie Soziologie und war Lehrbeauftragter an der Universität Potsdam. Er ist als Soziologe in der „Denkfabrik Schalom Aleikum" des Zentralrats der Juden in Deutschland wissenschaftlich tätig.

Literaturverzeichnis

AGD (o. J.): Unser Glaube. Der Alevitische Glaube (Alevitische Gemeinde Deutschland). URL unter: https://alevi.com/unser-glaube/ (zuletzt: 02.10.2023)

Akca, Ayşe Almıla (2020): Moscheeleben in Deutschland. Eine Ethnographie zu islamischem Wissen, Tradition und religiöser Autorität. Bielefeld: transcript

Akca, Ayşe Almıla (2021): Muslimisches Leben in Ost- und Westdeutschland. In: Bioly, Tom; Stenske, Leonie (Hrsg.): Muslimisches Leben in Ostdeutschland. Leipzig: o. V. S. 20–42. URL unter: https://ul.qucosa.de/api/qucosa%3A75859/attachment/ATT-0/ (zuletzt: 28.09.2023)

Akçam, Taner (2004): Armenien und der Völkermord. Die Istanbuler Prozesse und die türkische Nationalbewegung. Hamburg: Hamburger Edition

Allmendinger, Jutta (2015): Soziale Ungleichheit, Diversität und soziale Kohäsion als gesellschaftliche Herausforderung. In: vhw-Fachkolloquium. Soziale Ungleichheit, Diversität und soziale Kohäsion. vhw FWS 3 / Mai–Juni. URL unter: www.vhw.de/fileadmin/user_upload/08_publikationen/verbandszeitschrift/FWS/2015/3_2015/FWS_3_15_Allmendinger.pdf (zuletzt: 25.08.2023)

Arp, Agnès; Goudin-Steinmann, Élisa (2022): Die DDR nach der DDR. Ostdeutsche Lebenserzählungen (Buchreihe: Forum Psychosozial). Gießen: Psychosozial-Verlag

BAMF (2016): Das Bundesamt in Zahlen 2015. Asyl, Migration und Integration (Bundesamt für Migration und Flüchtlinge). URL unter: www.bamf.de/SharedDocs/Anlagen/DE/Statistik/BundesamtinZahlen/bundesamt-in-zahlen-2015.pdf?__blob=publicationFile&v=16 (zuletzt: 28.09.2023)

BDMJ (o. J.): Mitgliedsverbände (DİTİB Gemeinden in Deutschland). Bund der muslimischen Jugend. URL unter: http://ditib-jugend.de/mitgliedsverbaende/ (zuletzt: 27.10.2023)

Bistum Görlitz (o. J.): Das Bistum Görlitz. URL unter: www.bistum-goerlitz.de/das-bistum-goerlitz (zuletzt: 28.09.2023)

Böhme, Lucas (2021): Stadt Leipzig erteilt Baugenehmigung: Kommt jetzt bald die Moschee in Gohlis? In: Leipziger Zeitung. 19.10. 2021. URL unter: www.l-iz.de/leben/gesellschaft/2021/10/stadt-leipzig-erteilt-baugenehmigung-kommt-jetzt-bald-die-moschee-in-gohlis-416153 (zuletzt: 16.10.2023)

Bracht, Katharina; Söding, Thomas (2021): Teil I. Studie: Diaspora und Sendung. Erfahrungen und Auftrag christlicher Kirchen im pluralen Deutschland. In: Bracht, Katharina; Söding, Thomas (Hrsg.): Diaspora und Sendung. Erfahrungen und Auftrag christlicher Kirchen im pluralen Deutschland. Leipzig: Evangelische Verlagsanstalt. S. 23–90

Brand, Thorsten; Follmer, Robert; Unzicker, Kai (2020): Gesellschaftlicher Zusammenhalt in Deutschland 2020. Eine Herausforderung für uns alle. Ergebnisse einer repräsentativen Bevölkerungsstudie (Bertelsmann Stiftung). URL unter: www.bertelsmann-stiftung.de/fileadmin/files/BSt/Publikationen/GrauePublikationen/ST-LW_Studie_Gesellschaftlicher_Zusammenhalt_2020.pdf (zuletzt: 25.08.2023)

Breuer, Rita (2019): Die Muslimbruderschaft in Deutschland. In: Islamismus. Bundeszentrale für politische Bildung. URL unter: www.bpb.de/themen/islamismus/

dossier-islamismus/290422/die-muslimbruderschaft-in-deutschland/ (zuletzt: 04.09.2023)

Cazés, Laura (2021): Jüdische Jugendarbeit in Deutschland. In: Jüdisches Leben in Deutschland. Bundeszentrale für politische Bildung. URL unter: www.bpb.de/themen/zeit-kulturgeschichte/juedischesleben/344682/juedische-jugendarbeit-in-deutschland/ (zuletzt: 28.09.2023)

DBK – Sekretariat der Deutschen Bischofskonferenz (Hrsg.) (2023): Katholische Kirche in Deutschland. Statistische Daten 2022. URL unter: www.dbk.de/fileadmin/redaktion/diverse_downloads/presse_2023/DBK_FLY_Statistik_2022_Ansicht.pdf (zuletzt: 09.10.2023)

DAKD – Diözese der Armenischen Apostolischen Kirche in Deutschland (2013): Geschichtliche Herkunft und Struktur der Hl. Armenischen Apostolischen Orthodoxen Kirche (Vorbereitet von Erzbischof Karekin Bekdijan). Köln: o. V.

DİTİB (2022): Moscheeübergriffe – das Jahr 2021. Ein Bericht der DİTİB-Antidiskriminierungsstelle. URL unter: www.ditib-ads.de/Assets/document/upload/08e219e6-3ad8-46d1-a5fb-7cc242395383pdfresizer.com-pdf-resize%20(1)_compressed.pdf (zuletzt: 02.10.2023)

DİTİB (2023): Moscheeübergriffe – das Jahr 2022. Ein Bericht der DİTİB-Antidiskriminierungsstelle. URL unter: www.ditib-ads.de/Assets/document/upload/cdcdde06-39fb-4c34-a1a9-ed161d7d747fDITIB_Moscheeuebergriffe%202022.pdf (zuletzt: 02.10.2023)

Dreuße, Mareike (2008): Zwischen Deutschland und Armenien: die transnationale Diaspora als Akteur sozialen Wandels. Ergebnisse einer empirischen Untersuchung zu herkunftslandbezogenen Transferleistungen der armenischen Diaspora in Deutschland (Diplomarbeit). URL unter: https://utheses.univie.ac.at/detail/3936# (zuletzt 04.09.2023)

Eulitz, Melanie (2012): (Un-)Orthodoxe Biographie: Ein Weg zur jüdischen Religion. In: Medaon – Magazin für jüdisches Leben in Forschung und Bildung, 6 (10). URL unter: www.medaon.de/de/artikel/un-orthodoxe-biografie-ein-weg-zur-juedischen-religion/ (zuletzt: 31.08.2023)

Eulitz, Melanie (2022): Kontinuität und Pluralität. Ein soziologischer Blick auf die Entwicklung einer jüdischen Gemeinde. In: Bundeszentrale für politische Bildung (Hrsg.): Jüdisches Leben in Deutschland. S. 208–217. URL unter: www.bpb.de/system/files/dokument_pdf/APuZ-Edition_JLiD_ba_0.pdf (zuletzt: 31.08.2023)

Feige, Gerhard (2014): Schöpferische Minderheit. Bistum Magdeburg. URL unter: www.bistum-magdeburg.de/upload/2014/14_reden-des-bischofs.pdf (zuletzt: 28.09.2023)

Foucault, Michel (1994): Das Subjekt und die Macht. In: Dreyfus, Hubert L.; Rabinow, Paul (Hrsg.): Michel Foucault: Jenseits von Strukturalismus und Hermeneutik. Frankfurt am Main: Athenäum. S. 243–264

Gamper, Markus; Kupfer, Annett (2020): Migration als gesundheitliche Ungleichheitsdimension? Natio-ethno-kulturelle Zugehörigkeit, Gesundheit und soziale Netzwerke. In: Klärner, Andreas et al. (Hrsg.): Soziale Netzwerke und gesundheitliche Ungleichheiten. Eine neue Perspektive für die Forschung. Wiesbaden: Springer VS. S. 369–397

Gazer, Haçik Rafi (2021): Auszüge aus dem Leben in der Diaspora. Die Armenische Kirche in Deutschland. In: Bracht, Katharina; Söding, Thomas (Hrsg.): Diaspora und Sendung. Erfahrungen und Auftrag christlicher Kirchen im pluralen Deutschland. Leipzig: Evangelische Verlagsanstalt. S. 99–110

Genin, Salomea (1998): Wie ich in der DDR aus einer jüdisch-sich-selbst-hassenden Kommunistin zu einer Jüdin wurde. Oder: How I Came Back to the Fold (Wie ich in den Schoß der Familie zurückkehrte). In: Judt, Matthias (Hrsg.): DDR-Geschichte in Dokumenten (Bundeszentrale für politische Bildung). Bonn: Bundeszentrale für politische Bildung. S. 426 f.

Gerlach, Julia (2006): Zwischen Pop und Dschihad. Muslimische Jugendliche in Deutschland (Lizenzausgabe für die Bundeszentrale für politische Bildung). Bonn: Bundeszentrale für politische Bildung

Granovetter, Mark S. (1973): The Strength of Weak Ties. In: American Journal of Sociology, 78 (6). S. 1360–1380. URL unter: https://snap.stanford.edu/class/cs224w-readings/granovetter73weakties.pdf (zuletzt: 31.08.2023)

Großbölting, Thomas (2022): Das religiöse Feld in Ostdeutschland: Von der Volkskirche über die Minderheitenkirche zur Avantgarde. In: Deutschland Archiv. Bundeszentrale für politische Bildung (15.04.2022). URL unter: www.bpb.de/themen/deutschlandarchiv/507326/das-religioese-feld-in-ostdeutschland/ (zuletzt: 25.08.2023)

Hakenberg, Marie; Klemm, Verena (2016): Muslime in Sachsen. In: Hakenberg, Marie; Klemm, Verena (Hrsg.): Muslime in Sachsen. Geschichte, Fakten, Lebenswelten. Sonderausgabe für die Sächsische Landeszentrale für politische Bildung. S. 13–24. URL unter: www.slpb.de/fileadmin/media/Publikationen/Ebooks/Edition_Leipzig__FINAL_Muslime-in-Sachsen_lpb.pdf (04.09.2023)

Hasenohr, Anne et al. (2017): Totgesagte leben länger: Demografischer Wandel und Arbeitspolitik in Ostdeutschland. In: Hasenohr, Anne; Kollmorgen, Raj; Schmalz, Stefan (Hrsg.): Demografischer Wandel und Arbeit in Ostdeutschland. Berliner Debatte Initial 28 (3). S. 7–21

Hein, Uwe; Herbst, Michael; Stahl, Benjamin (2021): Religionsgemeinschaften in ländlichen Räumen. In: Ländliche Räume. Bundeszentrale für politische Bildung. URL unter: www.bpb.de/themen/stadt-land/laendliche-raeume/335931/religionsgemeinschaften-in-laendlichen-raeumen/ (zuletzt: 28.09.2023)

IZ-SN (o. J.): Wir über uns. Islamisches Zentrum Schwerin e. V. URL unter: https://iz-sn.de.tl/Wir-.ue.ber-uns.htm (zuletzt: 02.10.2023)

JG-Chemnitz (o. J.): Bikkur Cholim e. V. URL unter: www.jg-chemnitz.de/bikkur-cholim/ (zuletzt: 28.09.2023)

JG-Potsdam (2011): Über uns. URL unter: http://jg-potsdam.de/ (zuletzt: 28.09.2023)

JMB – Jüdisches Museum Berlin (o. J.): Kontingentflüchtlinge / Russischsprachige Einwander*innen. URL unter: www.jmberlin.de/thema-kontingentfluechtlinge (zuletzt: 28.09.2023)

Kaddor, Lamya (2011): Muslimisch – weiblich – deutsch! Mein Weg zu einem zeitgemäßen Islam (Lizenzausgabe für die Bundeszentrale für politische Bildung). Bonn: Bundeszentrale für politische Bildung

Kessler, Judith (2010): Krenks & Kränkung. In: Belkin, Dmitrij; Gross, Raphael (Hrsg.): Ausgerechnet Deutschland! Jüdisch-russische Einwanderung in die Bundesrepublik (Begleitpublikation zur Ausstellung im Jüdischen Museum Frankfurt). Berlin: Nicolai. S. 95–97

Kiesel, Doron (2010): Im Westen viel Neues! Zur Integration der jüdischen Zuwanderer aus der ehemaligen Sowjetunion in Deutschland. In: Belkin, Dmitrij; Gross, Raphael (Hrsg.): Ausgerechnet Deutschland! Jüdisch-russische Einwanderung in die Bundesrepublik (Begleitpublikation zur Ausstellung im Jüdischen Museum Frankfurt). Berlin: Nicolai. S. 92–94

Knop, Julia (2021): Wege aus der Volkskirche. Neue und alte Diasporaerfahrungen der römisch-katholischen Kirche in Deutschland. In: Bracht, Katharina; Söding, Thomas (Hrsg.): Diaspora und Sendung. Erfahrungen und Auftrag christlicher Kirchen im pluralen Deutschland. Leipzig: Evangelische Verlagsanstalt. S. 168–181

Körber, Karen (2015): Zäsur, Wandel oder Neubeginn? Russischsprachige Juden in Deutschland zwischen Recht, Repräsentation und Realität. In: Körber, Karen (Hrsg.): Russisch-jüdische Gegenwart in Deutschland. Interdisziplinäre Perspektiven auf eine Diaspora im Wandel (Schriften des Jüdischen Museums Berlin, Bd. 3). Göttingen: Vandenhoeck & Ruprecht. S. 13–36

Körber, Karen (2022): Individuelle Suche und institutioneller Wandel. In: Bundeszentrale für politische Bildung (Hrsg.): Jüdisches Leben in Deutschland. S. 140–148. URL unter: www.bpb.de/system/files/dokument_pdf/APuZ-Edition_JLiD_ba_0.pdf (zuletzt: 31.08.2023)

Krais, Beate; Gebauer, Gunter ([7]2017): Habitus. Bielefeld: transcript

Krüger, Karen (2018): Eine Reise durch das muslimische Brandenburg. Potsdam: RAA Brandenburg. URL unter: https://raa-brandenburg.de/Portals/4/media/UserDocs/News%20und%20Termine%202019/RAA_Krueger_Muslime_Online%20%2800000002%29.pdf (zuletzt 04.09.2023)

Kuckartz, Udo; Rädiker, Stefan ([5]2022): Qualitative Inhaltsanalyse. Methoden, Praxis, Computerunterstützung. Weinheim/Basel: Beltz Juventa

Luhmann, Niklas ([5]1994): Soziale Systeme. Grundriß einer allgemeinen Theorie. Frankfurt am Main: Suhrkamp

Mardigian, Arshaluys (2020): … meine Seele sterben lassen, damit mein Körper weiterleben kann. Ein Zeitzeugenbericht vom Völkermord an den Armeniern 1915/1916. Springe: zu Klampen

Mediendienst Integration (2021): Informationen und Ansprechpartner*innen. Islamische Verbände in Deutschland (aktualisiert). URL unter: https://mediendienst-integration.de/fileadmin/Dateien/informationspapier_islamverbaende.pdf (zuletzt: 04.09.2023)

Moussavi, Kazem (2017): Das Berliner Al-Mustafa-Institut und seine Verwicklung mit dem antisemitischen Al-Quds-Tag der Mullahs (Iran Appeasement Monitor).

URL unter: http://iraniansforum.com/eu/das-berliner-al-mustafa-institut-und-seine-verwicklung-mit-dem-antisemitischen-al-quds-tag-der-mullahs/ (zuletzt: 02.10.2023)

Münch, Richard (2002): Soziologische Theorie (Bd. 1). Grundlegung durch die Klassiker. Frankfurt am Main/New York: Campus

Neal, Lisa (2018): „Für mich war die DDR ein Volltreffer". Wie war es als Muslim in der DDR zu leben? Der palästinensische Fotograf Mahmoud Dabdoub erzählt. In: fluter (Magazin der Bundeszentrale für politische Bildung). URL unter: www.fluter.de/muslimisches-leben-in-der-ddr (zuletzt: 25.08.2023)

Neubert, Ehrhart (1998): Kirchenpolitik. In: Judt, Matthias (Hrsg.): DDR-Geschichte in Dokumenten (Bundeszentrale für politische Bildung). Bonn: Bundeszentrale für politische Bildung. S. 363–381

Oberdorfer, Bernd (2021): Diaspora und Sendung. Theologische Perspektiven aus protestantischer Sicht. In: Bracht, Katharina; Söding, Thomas (Hrsg.): Diaspora und Sendung. Erfahrungen und Auftrag christlicher Kirchen im pluralen Deutschland. Leipzig: Evangelische Verlagsanstalt. S. 303–320

Panagiotidis, Jannis (2021): Postsowjetische Migration in Deutschland. Expertise für Mediendienst Integration. URL unter: https://mediendienst-integration.de/fileadmin/Dateien/MDI_Expertise_Postsowjetische_Migration.pdf (zuletzt: 31.08.2023)

Pfündel, Katrin; Stichs, Anja; Tanis, Kerstin (2021): Muslimisches Leben in Deutschland 2020: Studie im Auftrag der Deutschen Islam Konferenz. (Forschungsbericht / Bundesamt für Migration und Flüchtlinge (BAMF) Forschungszentrum Migration, Integration und Asyl (FZ), 38). Nürnberg: Bundesamt für Migration und Flüchtlinge (BAMF) Forschungszentrum Migration, Integration und Asyl (FZ). URL unter: https://nbn-resolving.org/urn:nbn:de:0168-ssoar-73274-8 (zuletzt: 28.09.2023)

Pickel, Gert (2020): Kirchenbindung und Religiosität in Ost und West. In: Lange Wege der Deutschen Einheit. Bundeszentrale für politische Bildung. URL unter: www.bpb.de/themen/deutsche-einheit/lange-wege-der-deutschen-einheit/47190/kirchenbindung-und-religiositaet-in-ost-und-west/ (zuletzt 04.09.2023)

Plamper, Jan (2019): Das neue Wir. Warum Migration dazugehört. Eine andere Geschichte der Deutschen (Sonderausgabe für die Bundeszentrale für politische Bildung). Bonn: Bundeszentrale für politische Bildung

Pletoukhina, Anastassia (2023): Doing Judaism. Neue Formationsprozesse der jüdischen Gemeinschaft in Deutschland. Leipzig: Hentrich & Hentrich

Plitt, Mike (2018): Historische Einführung: DDR, Antifaschismus, Vertragsarbeiter*innen und Wende. In: Bürgerstiftung Barnim Uckermark (Hrsg.): Rassismus ist kein Randproblem. Materialien für pädagogische Fachkräfte zum Thema Rassismus vor und nach 1989 in Ostdeutschland am Beispiel der Ermordung Amadeu Antonios. S. 20–23. URL unter: www.amadeu-antonio-stiftung.de/wp-content/uploads/2019/05/Comic-Handreichung_Rassismus_ist_kein_Randproblem.pdf (zuletzt: 04.09.2023)

Poliakov, Léon (2013): Vom Antizionismus zum Antisemitismus (Unveränderte Neuauflage). Freiburg im Breisgau: ça ira Verlag

Przyborski, Aglaja; Wohlrab-Sahr, Monika (⁴2014): Qualitative Sozialforschung. Ein Arbeitsbuch. München: Oldenbourg Wissenschaftsverlag

Reckwitz, Andreas (2004): Die Entwicklung des Vokabulars der Handlungstheorien: Von den zweck- und normorientierten Modellen zu den Kultur- und Praxistheorien. In: Gabriel, Manfred (Hrsg.): Paradigmen der akteurszentrierten Soziologie. Wiesbaden: VS Verlag für Sozialwissenschaften. S. 303–328

Röhl, Klaus F. (2010): Begriffssoziologie I: Fragmentierung (Weblog zur Rechtssoziologie und Rechtstheorie). URL unter: www.rsozblog.de/begriffssoziologie/ (zuletzt: 02.10.2023)

Runge, Irene (1995): „Ich bin kein Russe". Jüdische Zuwanderung zwischen 1989 und 1994. Berlin: Dietz

Schnell, Rainer; Hill, Paul B.; Esser, Elke (¹¹2018): Methoden der empirischen Sozialforschung. Berlin: De Gruyter Oldenbourg

Talabardon, Susanne (2021): Jüdisches Leben in der DDR. In: Jüdisches Leben in Deutschland nach 1945. Informationen zur politischen Bildung. Bundeszentrale für politische Bildung. URL unter: www.bpb.de/shop/zeitschriften/izpb/juedisches-leben-348/juedisches-leben-348/341615/juedisches-leben-in-der-ddr/ (zuletzt: 25.08.2023)

Weitzel-Polzer, Esther (2002): Demenz, Trauma und transkulturelle Pflege – Der komplexe Pflegebedarf in der jüdischen Altenpflege in Deutschland. Zeitschrift für Gerontologie und Geriatrie 35. S. 190–198. URL unter: https://doi.org/10.1007/s00391-002-0086-5 (zuletzt: 26.10.2023)

Wissgott-Moneta, Dalia (2010): BRD – Gelobtes Land. 20 Jahre danach. In: Belkin, Dmitrij; Gross, Raphael (Hrsg.): Ausgerechnet Deutschland! Jüdisch-russische Einwanderung in die Bundesrepublik (Begleitpublikation zur Ausstellung im Jüdischen Museum Frankfurt). Berlin: Nicolai. S. 98–101

Yaşar, Aysun (2012): Die DITIB zwischen der Türkei und Deutschland. Untersuchungen zur Türkisch-Islamischen Union der Anstalt für Religion e. V. Würzburg: Ergon

ZEOK e. V. (o. J.): Muslim_innen in Ostdeutschland (Bildungsmaterial für die Schule des Zentrums für Europäische und Orientalische Kultur). URL unter: www.muslimisch-in-ostdeutschland.de/regionale-informationen/muslim_innen-in-ostdeutschland/ (zuletzt: 25.08.2023)

ZMD (o. J.): Zentralrat der Muslime in Deutschland e. V. URL unter: https://zentralrat.de/28128.php (zuletzt: 02.10.2023)

ZWST – Zentralwohlfahrtsstelle der Juden in Deutschland e. V. (Hrsg.) (2023): Mitgliederstatistik 2022 der jüdischen Gemeinden und Landesverbände in Deutschland. URL unter: https://zwst.org/sites/default/files/2023-05/ZWST-Mitgliederstatistik-2022-RZ.pdf (zuletzt: 31.08.2023)

ZWST – Zentralwohlfahrtsstelle der Juden in Deutschland e. V. (o. J.): „One machane can change everything". In: ZWST – Zentralwohlfahrtsstelle der Juden in Deutschland e. V.: Jugendbildungsaufenthalte – Manachot. URL unter: https://zwst.org/de/angebote/zwst-jugend/jugendbildungsaufenthalte-machanot (zuletzt: 31.08.2023)

Vielfältige Glaubensspuren in Ostdeutschland. Ein Ausblick

Magdalena Herzog

Jüdische, muslimische und christliche Communities haben wir durch individuelle Stimmen, zivilgesellschaftliche Perspektiven und durch einen vertieften Blick in die junge jüdische Community kennengelernt. Die soziologische Analyse hat die drei jeweils vielfältigen Communities mit der Frage nach dem gesellschaftlichen Zusammenhalt in Verbindung gebracht – und besonders ihre jüngeren Mitglieder betrachtet.

Ein Fokus lag auf der Frage nach der inneren Verbundenheit zu den religiösen Gemeinden und Communities in den ostdeutschen Flächenländern. Ohne Umstände wurde rasch deutlich, dass es sich insbesondere bei den kleinen Communities (jüdische, muslimische und christlich-orthodoxe Kontexte) um eine starke und belastbare Verbundenheit handelt, die von ihren Mitgliedern als bemerkenswert positiv erlebt wird. Hervorzuheben ist die Gemengelage von strukturellen Mängeln, hoher Belastung der Mitarbeitenden und geringer Mitgliederzahl. Würden die jungen Mitglieder, die sich ihrer Verantwortung sehr bewusst sind, ihr Engagement beenden, so müssten einzelne Angebote eingestellt werden. Diese Gemengelage zeigt auch, dass die Communities unter Druck stehen.

Die Ausgangssituation ist demzufolge als schwierig zu betrachten. Die jüdischen Gemeinden kämpfen darum, eine Perspektive für die Zukunft zu entwickeln, die auch die jungen Mitglieder vor Ort hält. Deren dichte Verbundenheit mit der Gemeinde und deren Bedeutung für ihr persönliches Leben samt dem hohen Maß an Verantwortung, das sie übernehmen, reicht nicht aus, um eine positive Zukunftsperspektive vor Ort zu entwickeln. Auch das können wir in Verbindung mit der organisationalen Dimension bringen, beispielsweise mit dem Fehlen einer lokalen Gruppe der Jüdischen Studierendenunion Deutschland (JSUD) in Ostdeutschland.

Zugleich sind Fragen des basalen Schutzes und der Sicherheit vor Übergriffen und Anschlägen zentral für die Arbeit der Gemeindevorsitzenden. Gegenüber der Synagoge in Halle an der Saale befindet sich seit 2021 die „Ofek e. V. Beratungsstelle bei antisemitischer Gewalt und Diskriminierung". Das offenbart bei aller politischen Arbeit und Solidarität seitens der nichtjüdischen Zivilgesellschaft eine Wahrheit des tatsächlichen Antisemitismus, der über die individuellen Perspektiven hinaus besteht. Häufig erhalten Eskalationen der politischen Situation in Israel eine Echowelle hierzulande. Jüdische Schülerinnen und Schüler müssen mit verbalen und körperlichen Aggressionen rechnen und Lehrkräften mangelt es an Fähigkeiten, um angemessen darauf zu reagieren.[1]

Der Wunsch nach explizit trialogisch-interreligiöser Zusammenarbeit seitens der befragten jüdischen Gemeinden ist gering ausgeprägt – ein respektvolles und anerkennendes Nebeneinander reiche vollkommen aus.

Die muslimischen Vereine und Gemeinden zeichnen sich durch Vielfalt aus. Gemeint ist eine Vielfalt religiöser Praktiken, eine homogene theologische Ausrichtung von Moscheen scheint es

---

[1] Dieses Wissen beziehen wir aus dem persönlichen Gespräch mit M. Privorozki (04.05.2023) sowie von Prof. Dr. Reinhard Schramm, Vorsitzender der Jüdisches Landesgemeinde Thüringen. Er äußerte sich entsprechend im Rahmen der Veranstaltung am 11. Oktober 2023 „Glaubensspuren in hitziger Zeit. Zusammenhalt von Juden, Muslimen und Christen in Thüringen". Vertiefend zum Kontext Antisemitismus an Schulen siehe insbesondere Bernstein (2020) sowie Chernivsky und Lorenz-Sinai (2023).

kaum zu geben. Dies ist typisch für die ostdeutsche muslimisch-religiöse Landschaft, es ist ein Ergebnis der Strukturschwäche und der damit einhergehenden Abwesenheit der islamischen Dachverbände. Diese Pluralität und eine gewisse Offenheit des Feldes gegenüber anderen Glaubensauffassungen und Praktiken werden von unseren Gesprächspartnerinnen klar als Unterscheidungsmerkmal zu Westdeutschland benannt und positiv hervorgehoben. Hieraus können neue Verbindungen hergestellt und aufgebaut werden, innermuslimisch und interreligiös. Doch auch hier ist zu vermerken, dass das Aushalten und die Arbeit gegen antimuslimischen Rassismus etwas ist, was die Community beschäftigt und sich zivilgesellschaftlich niederschlägt, in muslimischen wie nicht-muslimischen Zusammenhängen.

Die Situation der Gemeinden der beiden Großkirchen stellt eine gewisse Ausnahme dar, sosehr sie sinkende Mitgliederzahlen verzeichnen und Schwierigkeiten haben, junge Menschen für sich zu gewinnen und zu behalten. In unseren Gesprächen mit jungen Menschen wurde betont, dass das Angebot weitestgehend nicht als ansprechend wahrgenommen wird und andere Vorstellungen religiöser Praxis bestehen. Diese jungen Christinnen und Christen der beiden großen Kirchen entfernen sich also von den institutionellen Angeboten, obwohl ein zugewandter Wunsch nach Veränderung der Institution an sich besteht. Zugleich geht das Verlassen dieses institutionellen Rahmens ohne weiteres Bedauern einher. In privaten Kontexten finden sie Resonanz auf religiöse Belange.

Die armenisch-christliche und syrisch-orthodoxe Community befinden sich wiederum eher im Prozess einer zunehmenden Institutionalisierung bzw. Entfaltung durch einen Zulauf der Community. Hier konnten wir einen vorsichtig formulierten, gewissen Abstand zu muslimischen Communities feststellen, den wir auf Konflikte in Herkunftsländern zurückführen.[2] Armenische Christinnen und Christen erleben weiterhin eine Kontinuität von Repressa-

---

2   Vgl. Dr. S. Toutounj, persönliches Gespräch, 23.06.2023; Prof. Dr. J. Ev. Hafner, persönliches Gespräch, 23.05.2023; Mardigian (2020: 20).

lien und Verfolgung, beispielsweise die kriegerischen Konflikte zwischen Aserbaidschan und Armenien (Bergkarabach) in jüngster Vergangenheit, die zu deren Vertreibung aus Bergkarabach geführt haben.

In diesen kleinen christlichen sowie in den jüdischen und muslimischen Communities, die zugleich kleiner und weniger strukturell ausgebaut sind als die der evangelischen und römisch-katholischen, wächst der Bedarf und der Wunsch nach Institutionalisierung, obwohl oder auch weil hier das Angebot nicht immer als passend erfahren wird. In Leipzig baut die syrisch-orthodoxe Gemeinde eine Kirche.[3] Bei der armenischen Gemeinde gibt es Bedarf an religiöser Bildung innerhalb der Community. Bedarfe von Kindern, Jugendlichen sowie älteren Menschen können in den jüdischen und muslimischen Gemeinden nur unzureichend aufgefangen werden. Die hier relevanten Communities – bis auf die evangelischen und römisch-katholischen Christinnen und Christen – sind alle durch Zuwanderungsgeschichten gekennzeichnet. Eventuell gehen die Erwartungen über das religiöse Angebot hinaus, vielleicht spielen hier eine geteilte Sprache außerhalb des Deutschen eine Rolle, vielleicht auch Erfahrungen als Minderheit in der deutschen bzw. ostdeutschen Gesellschaft. In den kleinen Communities ist die innere Verbundenheit stark ausgeprägt. Viele Personen verlassen also die noch so kleine Vergemeinschaftung nicht, obwohl das religiöse Angebot als nicht passend eingestuft wird.

Außerdem ist zu erwähnen, dass alle religiösen Communities mit der Aufnahme und Integration von Geflüchteten befasst sind. Sie wurden von einem unserer Gesprächspartner als „wahre Integrationsmaschinen"[4] bezeichnet. In den kleinen Communities mit geringer struktureller Ausstattung sind dies besondere Aufgaben

---

3 Zu erwähnen ist hier, dass verschiedene Versuche gescheitert sind, andere Kirchen, die ohne Gemeinde sind, zu übernehmen. Rassistische Anfeindungen waren einer der Gründe. Nähere Informationen dazu siehe Internetauftritt der Gemeinde St. Severus von Antiochia der Syrisch-Orthodoxen Kirche in Leipzig e. V.: https://syrisch-orthodox-leipzig.de/de/startseite/.

4 Prof. Dr. J. Ev. Hafner, persönliches Gespräch, 23.05.2023.

und Belastungen, die die involvierten Personen oft an ihre Belastungsgrenzen bringen.[5]

Nehmen wir die vorgebrachten Aspekte zusammen – strukturelle Mängel, geringe personelle Kapazitäten, eine areligiöse Umgebung sowie die Präsenz antidemokratischer Kräfte –, ergibt sich durchaus die Frage, ob diese nicht auch Gründe dafür sind, dass wir auf wenige trialogisch-religiöse Bemühungen getroffen sind. Denn auch dieses Anliegen bedarf Know-how und personeller wie ökonomischer Kapazitäten. Eine muslimische Gesprächspartnerin sprach im Kontext der Frage nach dem Trialog von dem Fest Aschura. Dieses Fest gründet sich in der Geschichte der Arche Noah, die auf dem Berg Ararat (heute Türkei) gestrandet ist. Die Geschichte spielt in islamischen, jüdischen und christlichen Traditionen eine Rolle und wird als verbindendes Element zwischen diesen kulturellen und religiösen Traditionen betrachtet. Zum Anlass des Fests wird der sogenannte Noah-Pudding gekocht. Bei dem Pudding handelt es sich um eine Süßspeise, in der verschiedene Zutaten in eine Schüssel getan werden. Vereint sind sie durch die Schüssel, jedoch nicht miteinander vermischt. Mit der Metapher dieser Speise wird auch das interreligiöse Verhältnis der hier relevanten Communities deutlich: Ein Nebeneinander existiert, eine Zusammenarbeit aller drei Communities im religiösen Kontext besteht jedoch nicht. Zugleich nutzt unsere Gesprächspartnerin ebendiese Geschichte der Arche Noah als Ausgangspunkt, um für Jugendliche interkulturelle bzw. interreligiöse Angebote zu konzipieren.

Ausgeprägter gestaltet sich die Zusammenarbeit, was soziopolitische Beziehungen anbelangt. Aus einer soziologischen Perspektive ist dies nicht überraschend, denn das relationale Verhältnis zwischen kleinen und kleiner werdenden Gruppen und einer andersgearteten Umwelt kann die Handlungsmöglichkeiten

---

[5] Siehe zu dem Thema Zentralrat der Juden in Deutschland (2022).

der Communities unterstützen. Kleiner werdende Communities können sich mit einer ausgeprägten Solidarität gegenseitig stärken, um die strukturellen Probleme zu verwalten. Hier wird beispielsweise von jüdischer Seite geäußert, dass von muslimischen Gemeinden ein klares politisches Bekenntnis notwendig sei, um eine Zusammenarbeit zu ermöglichen. Im Kontext der Arbeit gegen Rassismus, Antisemitismus und gruppenbezogener Menschenfeindlichkeit im Allgemeinen wird durchaus zusammengearbeitet. Hier wird klar gemeinsam auf die gesellschaftspolitische Situation eingewirkt. Das Religiöse scheint an dieser Stelle nicht relevant zu sein. Die Erfahrung von Antisemitismus und Rassismus stellen offenbar ein verbindendes Element dar, das bei entsprechender politischer Ausrichtung mit vereinten Kräften genutzt wird, um Anliegen politisch umzusetzen. Selbstverständlich sind hier Menschen ohne jüdischen oder muslimischen Bezug beteiligt, für die es entscheidend ist, in einer Gesellschaft ohne gruppenbezogene Menschenfeindlichkeit zu leben.

Wenn am Anfang also festgestellt wurde, dass jüdische, muslimische und christliche Gemeinden selten zusammen benannt werden, so trifft das letztendlich auch auf unsere Arbeit zu. Denn die Frage nach dem Trialog konnten wir nur unzureichend beantworten, ausgehend von den Ergebnissen der geführten Interviews. Dialogische Projekte und Initiativen gibt es, teils auch mit einer großen Kontinuität. Nicht selten gehen sie von der christlichen, namentlich evangelischen oder römisch-katholischen Seite aus und beziehen sich auf christlich-jüdische und christlich-muslimische Begegnungen.[6] Ebenso bestehen interreligiöse Netzwerke, die alle religiösen Traditionen einbeziehen. Hier konnten wir – das sei ausschnittartig erwähnt – von jüdischer Seite erfahren, dass vor allem die Integrationsarbeit sehr gut laufe. Schwierig werde es, wenn es um die politischen Dimensionen jedes Einzelnen gehe. Die Anerkennung jeder Biografie und die damit verbundenen

6 Viele Homepages der Institutionen der evangelischen und römisch-katholischen Kirchen weisen einen gesonderten Bereich zu interreligiösem Dialog aus.

Katastrophen, also keine Vertuschung historischer Tatsachen, bleibe Grundlage für die Zusammenarbeit.[7]

Letztendlich bleibt es dabei, diesen Status quo der interreligiösen Zusammenarbeit mit den geringen Ressourcen der Gemeinden zusammenbringen: Die Anforderungen an die mitunter sehr kleinen Communities sind ausreichend, um die Arbeit der allein ehrenamtlich Tätigen auszuschöpfen. Trialog ist also etwas, was zu der schon zu leistenden Arbeit hinzukommt, wenn die basalen Strukturen der Religionspraxis und der soziale Auftrag, den die Gemeinden ausüben, hinreichend erfüllt sind.

Der gesellschaftliche Zusammenhalt im Sinne der inneren Verbundenheit zur Community ist durchaus gegeben – in unterschiedlichen Facetten und Intensitäten, wie wir in diesem Buch zeigen konnten. Die Glaubensspuren unterscheiden sich gewissermaßen. Sosehr wir allein ein Feld eröffnen konnten, sosehr wäre es nun eine weitere Forschungs- und gesellschaftliche Aufgabe, die religiösen Communities und Gemeinschaften in Ostdeutschland eingehender zu beleuchten. Insbesondere die kleineren und weniger gut aufgestellten Gemeinschaften sollten eine stärkere mediale Aufmerksamkeit erfahren. Diese Aufmerksamkeit sollte häufiger über die Themen Antisemitismus und Erinnerungskultur, Rassismus und Islamismus, der Berichterstattung im Kontext kriegerischer Auseinandersetzung wie der in Israel und Gaza bzw. den Palästinensischen Gebieten hinausgehen. Von einer Kultur der Konfessionslosigkeit lässt sich nur sprechen, wenn man einen bestimmten Blickwinkel einnimmt. Dreht man ihn in unsere Richtung, so kommen viele religiöse Traditionen und buchstäbliche „Glaubensspuren" zum Vorschein, die nicht einmal erschöpfend in diesem Buch besprochen werden konnten. So entstehen neue sakrale Bauten bzw. sakrale Räume, die unterschiedliche religiöse Bedürfnisse kreieren oder auffangen. Diese Strukturen und diejenigen, die in diese Struktu-

---

7   Prof. Dr. Reinhard Schramm im Rahmen der Veranstaltung „Glaubensspuren in hitziger Zeit. Zusammenhalt von Juden, Muslimen und Christen in Thüringen" am 11. Oktober 2023 in Erfurt im Kultur- und Bildungszentrum der Jüdischen Landesgemeinde Thüringen.

ren eingebunden sind, prägen die ostdeutsche Gesellschaft und sollten daher in deren Beschreibung und Darstellung präsent sein. In Erinnerung zu rufen ist an dieser Stelle noch einmal die historische Dimension der DDR und der folgende Strukturwandel. Die bestehenden Netzwerke interreligiöser Gespräche sowie der Zustand der jeweiligen Religionsgemeinschaften stehen in engem Zusammenhang damit, dass all diese Gemeinschaften und Netzwerke sich erst nach der Wende etablieren konnten.

Die religiösen Minderheiten Ostdeutschlands sind trotz und wegen ihrer unterschiedlichen Geschichte und Verfasstheit ein essenzieller Teil dieser Region, der von der überwiegenden demokratisch orientierten Mehrheitsbevölkerung geschätzt, geachtet und verlässlich unterstützt wird. Schwierig bleiben die soziopolitischen Verhältnisse trotz allem. Wichtig ist jedoch, dass eine eigene Dynamik und Entwicklung gelebt werden darf – ohne Vorbild.

Ohne Vorbild bleibt folglich auch der gesellschaftliche Zusammenhalt in den ostdeutschen Flächenländern. Fragend blickt dieser Band auf die Zukunft Ostdeutschlands: Inwieweit wird es zu einer stärkeren Vernetzung der religiösen Kreise kommen? Wie werden sich die erkundeten Glaubensspuren entwickeln, gerade angesichts ihrer teils prekären Situation? Unter welchen Umständen kann es zu einer verstärkten Zusammenarbeit zwischen areligiösen und religiösen Netzwerken kommen? Letztendlich, so erscheint es uns, ist es zentral, alle Ansätze und Kräfte zu bündeln, die die Menschenrechte achten. Damit ist ein verstärktes Bemühen für eine Gesellschaft des sozialen Miteinanders möglich, das allen Gesellschaftsmitgliedern die unbeschadete Entfaltung im Sinne des Grundgesetzes ermöglicht.

Magdalena Herzog, Mag., studierte Religionswissenschaft, Islamwissenschaft und Jüdische Studien sowie Middle Eastern History. Sie ist als Wissenschaftliche Mitarbeiterin im Bereich Sozialwissenschaften bei der „Denkfabrik Schalom Aleikum" des Zentralrats der Juden in Deutschland tätig.

Literaturverzeichnis

Bernstein, Julia (2020): Antisemitismus an Schulen in Deutschland. Befunde – Analysen – Handlungsoptionen. Weinheim/Basel: Beltz Juventa

Chernivsky, Marina; Lorenz-Sinai, Friederike (2023): Antisemitismus im Kontext Schule. Deutungen und Praktiken von Lehrkräften. Weinheim/Basel: Beltz Juventa

Mardigian, Arshaluys (2020): … meine Seele sterben lassen, damit mein Körper weiterleben kann. Ein Zeitzeugenbericht vom Völkermord an den Armeniern 1915/16. Springe: zu Klampen

Zentralrat der Juden in Deutschland (Hrsg.) (2022): Flucht und Engagement. Jüdische und muslimische Perspektiven. Berlin/Leipzig: Hentrich & Hentrich

DENKFABRIK
SCHALOM ALEIKUM